T'es toi quand tu parles

Jacques Salomé

T'es toi quand tu parles

Jalons pour une grammaire relationnelle

Illustrations de Françoise Malnuit

Albin Michel

22, rue Huyghens, 75014 PARIS
ISBN 2-226-05639-4

À chacun de mes enfants
pour la stimulation permanente de leurs désirs à mieux communiquer.
À Sylvie Galland pour sa collaboration ouverte et exigeante
À Françoise Blot pour sa persévérance à me traduire
À Béatrice Mivielle pour ses stimulations et ses impatiences
À Dominique de Mestral pour sa créativité et son enthousiasme
À tous ceux qui m'ont fait la confiance de suivre mes séminaires de formation.

Petit vade-mecum
pour une communication vivante

entre enfants et parents,
entre enfants et adultes,
autrement dit
entre enfants futurs parents
et ex-enfants devenus parents...
Il y aura un jour
dans les écoles laïques ou libres
un enseignement des relations humaines.
Ce petit texte pourrait constituer
un jalon possible pour une
« **grammaire relationnelle** ».
Oui,
avec quelques règles simples
d'hygiène relationnelle pratiquées
entre adultes et enfants,
pour les enfants entre eux,
nous pouvons **ré-inventer** des communications
vivantes et des relations en santé,
avec nous-mêmes
et avec autrui.

JE NE COMPRENDS PAS COMMENT
JE N'ARRIVE PAS Ā COMMUNIQUER !
ET LE PIRE C'EST QUE LES AUTRES REFUSENT MES TENTATIVES...

Sommaire

Ce petit texte, volontairement simplifié, s'adresse à tous ceux dont la liberté d'être repose sur le respect, l'écoute, la tolérance et le désir réel de mettre en commun le meilleur des possibles.

À tous ceux aussi qui ne veulent plus vivre sur la Planète Taire!!!

Quel enfant, quel ex-enfant n'a vécu ce sentiment diffus de mal communiquer avec ses proches, avec ses professeurs, avec le monde des adultes ?

Qui ne rencontre au quotidien la difficulté de se dire et d'être entendu ?

Qui n'a senti la violence d'entendre l'autre parler sur lui, penser à sa place, décider pour son bien, l'engager dans un projet, un mode de vie où il ne se retrouve pas ?

Qui n'a entendu et reçu comme un rejet ou une négation de sa personne, les a priori, les jugements ou les affirmations péremptoires fermant le possible d'un échange, quand il tentait de donner son point de vue ou son vécu.

Qui n'a vécu le sentiment humiliant ou injuste de se laisser définir... tel qu'il n'est pas ?

Qui n'a pas éprouvé le désarroi de voir opposer à son ressenti, à ses perceptions, à ses croyances, d'autres ressentis, d'autres perceptions et d'autres croyances qui, au-delà d'un témoignage ou d'un partage, voulaient s'imposer à lui et l'inviter ou le forcer à renoncer à son propre point de vue ?

S'interroger

Oui, il est urgent de s'interroger sur la façon dont chacun d'entre nous a appris à « communiquer » et surtout à « mécommuniquer » dans le système familial de ses origines, dans le système scolaire de son enfance, dans le milieu social qui entourait et clôturait parfois son existence.

Pour s'apercevoir, probablement avec malaise, résistances diverses, découragement ou révolte, que **nous avons tous appris à incommuniquer !**

Pour découvrir au mitan de sa vie que chacun d'entre nous, qu'il le cache ou le montre, est un infirme, un handicapé profond de la communication et des relations humaines.

Pour se demander dans l'urgence d'une crise personnelle ou familiale : « Mais dans quel monde je vis ! » Quelle est cette civilisation où personne ne songe à nous apprendre l'échange, le partage, la confrontation et le dialogue ?

Pour prendre la décision de sortir du double piège dans lequel la plupart d'entre nous s'enferment : celui de l'accusation d'autrui et du monde en général, ou celui de l'accusation-disqualification de soi-même, ou auto-accusation, très pratiquée également en Occident.

L'apprentissage de la communication ressemble au jardinage, si nous acceptons de découvrir, d'entretenir, de laisser fleurir le jardin qui est en nous.

Première partie

Considérations sur le jardinage relationnel

Je peux parler de moi
Je peux parler à l'autre
parle parfois sur moi
Langue de bois
Discours en conserve
Je parle trop sur l'autre

Élaguer, débroussailler

Élaguons, débroussaillons notre jardin relationnel pour y découvrir nos attentes, nos projets de partage et l'état actuel de nos communications

Nous avons tous, enfants ou adultes, une aspiration fondamentale au dialogue, au partage et à l'amplification de nos possibles. Rappelons que le véritable dialogue est fondé sur une double possibilité :

- **Celle de se dire avec le plus de liberté possible et d'être entendu sans jugement, sans rejet.**

- **Celle de permettre à l'autre de se dire avec le plus de liberté possible et d'être entendu avec une liberté équivalente.**

Nous croyons trop souvent qu'il suffit de se dire pour être entendu. Nous pensons sans arrière-pensée qu'il suffit d'être clair pour être compris.

Nous vivons comme s'il suffisait d'être sincère pour être cru !

Nous sommes persuadés que la bonne volonté (ah le volontarisme dans les relations humaines !) et une intentionnalité positive sont suffisantes pour s'entendre avec autrui. S'entendre voulant dire, pour beaucoup, « être d'accord » et être d'accord, avoir compris l'autre...

Et toutes ces croyances, chacun va s'en apercevoir avec plus ou moins de souffrance, se révèlent factices, ne suffisent pas à permettre la communication.

Nous découvrons lentement, irrémédiablement :

• Que les mots recouvrent des intentionnalités, des réalités, des propositions et des possibles de partage... très variables.

• Que ce qui est entendu est différent de ce qui est dit !

• Que chacun de nous a des filtres, des références, des points de fixation ou des zones d'intolérance, des seuils de tolérance fragiles... à la fois proches et lointains de ceux qui nous entourent.

• Que la réciprocité est rare, que le dialogue reste toujours une aventure, que le partage devient parfois un risque.

• Que notre corps inscrit nos silences et garde la trace de nos conflits en les structurant en malaises, en tensions, en déséquilibres ou en dysfonctionnements aléatoires, sans que nous ayons prise sur eux.

• Que l'indicible ou le non-dit se crient avec les langages du corps révolté. Quand le corps se dit avec des maladies (mal à dire !), avec des **somatisations** (mise en maux) ou des **passages à l'acte somatique** (ensemble des violences que je reçois ou que je me donne : accidents, violences subies ou recherchées).

Merveilleuse Anaïs, petite fille de huit ans intervenant auprès d'une de ses camarades accusée d'être une « menteuse » par son institutrice. Elle avait laissé croire en effet que ses parents étaient morts, qu'elle était orpheline élevée par une vieille tante... alors qu'il n'en était rien !

Anaïs pendant la récréation était venue vers la rejetée, vers la « menteuse ».

« Moi je sais que tu n'es pas que menteuse, que tu es généreuse, tu m'as prêté tes crayons de couleurs l'autre fois, tu sais jouer à la marelle mieux que moi et tu récites la table de 9 sans te tromper. Moi je ne te vois pas comme une menteuse. »

Combien nous faut-il de tâtonnements, de malentendus et de souffrances pour découvrir que **communiquer c'est mettre en commun** soit des différences, soit des ressemblances, à partir de deux **besoins fondamentaux**:

• **Celui d'être reconnu**

Être reconnu dans mon unicité et dans ma ponctualité aussi.

Être reconnu avec la part de mystère et de possibles qui m'habitent, même quand ils restent encore dans l'inaccessible.

• **Celui d'être entendu**

Être entendu dans ce que je dis aujourd'hui, à ce moment précis,

avec ce que je suis,
ce que je sais,
ce que je sens...

Sans que l'autre m'identifie ou m'enferme tout entier dans ce que j'exprime.

« Ce que je te dis, c'est seulement moi, tel que je suis aujourd'hui qui l'énonce, tel que je le sens en ce moment. »

M'AFFIRMER
ME POSITIONNER SANS M'OPPOSER
PARLER À L'AUTRE
PARLER DE MOI
DIRE MON RESSENTI
CRÉER UNE CONFRONTATION
ME CENTRER SUR LA PERSONNE
ME DIFFÉRENCIER
PARTAGER LE VÉCU
PERSONNALISER
CONCRÉTISER
DÉFINIR MON POINT DE VUE
TÉMOIGNER
PERMETTRE DE RELIER
MISE EN MOTS
ÉCHANGER PARTAGER STIMULER
JE
inviter
REGARDER
CONFIRMER L'AUTRE
CONVAINCRE CONTRER
PARLER SUR L'AUTRE
RECHERCHER L'APPROBATION
FUSION
SE LAISSER DÉFINIR PAR L'AUTRE
RESTER DANS L'IMPLICITE
PROPOSER L'OPPOSITION
PENSER À LA PLACE DE L'AUTRE
PLANER DANS LES IDÉES
DÉFINIR L'AUTRE
TU
RESTER CENTRÉ SUR LE PROBLÈME...
ON
NOUS
Généralisations

Retourner le terrain en profondeur

Labourer encore

Avec ce travail préliminaire, fait en profondeur, nous progresserons dans la connaissance de notre jardin relationnel.

Nous découvrirons ici les quatre positions relationnelles essentielles qui président à toute tentative de communication et qui deviendront nécessaires à la création et à la vitalité de toute relation quelle qu'en soit la durée.

Dans toute rencontre, dans tout échange, comme dans l'exemple suivant :

« Je suis allé au cinéma, j'ai trouvé le film *Danse avec les loups* exceptionnel, formidable. J'ai passé une soirée fabuleuse, j'irai revoir ce film avec plaisir »,

j'ai toujours plusieurs possibilités relationnelles, celles d'ouvrir ou de fermer l'échange, de le supporter ou de l'amplifier.

1. **Le subir** sans pouvoir me dire :
« Ah bon, tu es allé au cinéma... »

2. **Le refuser ou disqualifier** le discours de l'autre, rejeter son action ou sa position :
« Oh non alors ! il y a trop de violences, moi j'ai été déçu, j'attendais autre chose sur les Indiens... »
« Toi, si on te prive de cinéma tu n'existes plus ! »

3. **Le recevoir** et confirmer ce que me dit l'autre, avec ma différence :
« Oui, tu sembles avoir eu beaucoup de plaisir à ce film ! Moi, je ne l'ai pas encore vu, j'en ai entendu beaucoup de bien. »

4. **L'amplifier** ou prolonger l'apport d'autrui :
« Tu sembles emballé, tu as envie d'en parler ? ».
« Qu'est-ce que tu as trouvé d'exceptionnel dans ce film ? »

Nous sommes, dans la plupart des échanges au quotidien, essentiellement réactifs : en position de contre ou de soumission. Ce qui entraîne le plus fréquemment une amplification des malentendus et un renforcement des rapports de force. Peu d'entre nous utilisent le relationnel au sens fort du terme : mettre en relation, avec la possibilité de relier, de prolonger ou de confirmer ce qui se passe entre l'autre et moi, d'ajouter mes idées aux siennes, de prolonger ou de critiquer ce qui se passe.

Rappelons qu'être en relation signifie à la fois se relier à une personne, à un lieu, à un événement et aussi se relier à soi-même dans le sens d'une plus grande unité, d'une cohérence interne.

Autrement dit, dans tout échange j'ai la possibilité **de passer du réactionnel au relationnel ou... d'en rester au réactionnel et même de l'amplifier.**

Je peux m'interroger sur la dynamique de la communication que je propose.

• Est-ce que je veux influencer l'autre à tout prix?

• Est-ce que j'accepte l'influence de l'autre?

Toute relation équilibrée, dans le temps et la durée, est nécessairement une relation d'inter-influences.

Les relations de la sphère intime (conjugale, parentale, sociale proche) sont des relations où l'incidence affective domine et par là même où les désirs de l'autre... sont très puissants à nous influencer, à nous définir.

Relations bien sûr où mes propres désirs vont tenter d'influencer l'autre, de le définir dans le sens de mes attentes ou de mes inquiétudes.

Deux autres besoins fondamentaux vont aussi entrer en concurrence dans les relations sociales proches.

- **le besoin d'affirmation;**
- **le besoin d'approbation.**

Ces deux besoins sont contradictoires, se combattent, voire s'annulent dans de nombreuses communications.

« Je veux être bien vu de mes collègues et je n'ose pas leur dire que je ne supporte ni la fumée de leur cigarette ni les blagues douteuses qu'ils font sur les autres membres du personnel... »

• **Est-ce que je peux prendre le risque de m'affirmer, et donc de renoncer à la recherche d'approbation,** si importante dans les relations personnelles avec des personnages témoins comme Papa, Maman, mon partenaire de vie, mes enfants? Si importante aussi dans les relations professionnelles avec les personnages clefs: directeur, chef de service, supérieur immédiat... ?

• **Est-ce que je peux affronter mes peurs de déplaire,** de ne plus être aimé, d'être jugé ou rejeté si je tente de créer des relations de confrontations et d'inter-influences mutuelles ?

JE PENSE SOUVENT A LA PLACE DE L'AUTRE
JE PARLE TROP SUR L'AUTRE
J'AI TENDANCE A PROPOSER L'OPPOSITION
JE RESTE CENTRÉ SUR LE PROBLÈME

Créer des relations vivantes

Une relation vivante suppose la libre circulation entre les protagonistes de quatre possibilités de valeurs équivalentes.

• **Oser demander** : apprendre à faire des demandes directes, ouvertes (sans accusation, reproche, culpabilisation ou plainte). Puis-je ne pas m'enferrer ou m'enfermer dans un cycle d'exigences pour aller vers une relation de propositions, d'invitations ou de stimulations ?

• **Oser donner** : apporter à l'autre non seulement ce qui me fait plaisir (ou ce qui m'est imposé par le rôle que j'ai), mais aussi et surtout ce qui peut être reçu par lui, ce qui répond aussi à ses attentes. Sortir d'une relation d'imposition pour aller vers l'offrande, vers l'oblativité.

• **Oser recevoir** : accepter d'être ouvert aux possibles de l'autre. Renoncer à la dynamique du prendre pour aller vers l'accueillir. Beaucoup d'entre nous sont des infirmes du recevoir. Notre accueil est souvent rempli de méfiance, de doute, d'a priori ou de jugements préétablis.

• **Oser refuser** : savoir dire non permet souvent d'apprendre à dire des vrais oui. Développer une dynamique qui sort de l'opposition pour aller vers l'affirmation. Cela suppose de savoir se positionner à l'intérieur d'une cohérence de vie.

Cette attitude est pleine de risques, car elle peut être vécue, en face, comme blessante. Elle peut susciter des contre-attitudes de rejet, d'agressivité et entretenir des affrontements parasitaires qui polluent considérablement les relations proches.

Elle peut, et cela est notre espoir, ouvrir à des rencontres réelles, pleines de vivance.

Puis-je m'interroger, comme adulte, sur la façon dont je gère ces quatre démarches ? Laquelle domine, laquelle est absente ?

Quelle est celle que je nie, que je fuis ? Quelle est celle qui me demande le plus d'énergie, le plus de courage pour exister dans mes relations ?

Chacun aura à s'interroger sur la façon dont il équilibre ou déséquilibre le demander, le donner, le recevoir et le refuser dans chacune de ses relations les plus essentielles.

m'sieur, si je n'étais pas obligé de répondre à vos questions par les réponses que vous attendez ou par les réponses du livre, il me semble que je saurais vous répondre plus souvent... avec mes réponses à moi !
... et nous avons 15 ans à tirer...

Le système scolaire actuel ne donne pas suffisamment de place à une réflexion sur l'apprentissage des relations humaines et encore moins sur sa mise en pratique.

Il y a une bonne volonté au départ, des idéologies sur la pédagogie, un souci réel de bien faire, de comprendre. Et surtout le mythe de « faire passer » le maximum du programme. Les phénomènes de groupe, parce qu'ils sont perçus comme menaçants ou gênants, envahissent tout l'espace des préoccupations, au détriment d'un accompagnement plus individualisé. La relation interpersonnelle est le quart monde du système scolaire.

Les pratiques actuelles confirment et entretiennent trop fréquemment les malentendus, suscitent les passivités ou les oppositions, nourrissent les dépendances ou créent des fossés de silences et de violences entre adultes et enfants.

La plupart des relations scolaires – parce qu'il y a ignorance profonde chez nombre d'enseignants et d'enseignés de l'existence même de ces quatre repères : demander, donner, recevoir, refuser – sont donc fondamentalement déséquilibrées. Il y a trop souvent chez l'enseignant une majoration du demander et du donner associée à une minoration du recevoir.

À cela correspond chez les élèves une minoration du demander et une majoration du recevoir. Tout se passe, dans la relation scolaire, comme si l'influence était à sens unique.

Du haut (l'enseignant) vers le bas (l'enseigné), l'un hésite entre l'imposition et la proposition, l'autre oscille entre soumission, acceptation et opposition.

La relation scolaire actuelle ne propose pas de temps, d'espaces ou de lieux suffisants pour le retour de l'influence de l'autre... celle de l'enfant vers les adultes qui l'entourent. Des conduites de fuite, de soumission et d'opposition ouvertes ou larvées seront le prix à payer pour ce déséquilibre.

le plus difficile en classe c'est qu'on ne peut pas dire ce que l'on sait mais seulement ce que l'on doit savoir...
c'est pour ça que je préfère ne rien savoir! Comme ça, c'est plus simple; je suis sûr de ne pas me tromper!

L'enseignant relationnel sera celui qui saura créer des temps d'inter-influences mutuelles, celui qui osera et acceptera de se laisser influencer par l'enfant. Non seulement par son comportement, mais par son savoir, son savoir-être et son savoir-devenir.

Supplique

Combien de fois ai-je rêvé d'un professeur me disant : « Jacques, dans une dictée de quatre-vingts mots tu en as écrit soixante-quinze de juste. »

Combien de fois ai-je imaginé un enseignant me disant : « Oui, partage ta réponse. Celle que tu as pour l'instant, celle que tu portes en toi, la tienne. Même si elle est différente de celle des autres, de celle du livre et même de la mienne. Nous pourrons la mettre en commun. »

Combien de fois ai-je eu le désir d'entendre de la part d'un maître, un vrai – un maître qui aurait eu le souci d'apprendre, de partager, de se remettre en question : « Dis-moi, raconte-moi, apporte-moi ton savoir. Apprends-moi quelque chose que je ne sais pas encore. »

Et j'osais rêver ainsi de matins de classe où nous aurions commencé la journée par un partage de nos découvertes.

Et j'ose imaginer un jour ces partages possibles, ces échanges stimulants, cette communication vécue comme une mise en commun.

je
on
tu
nous

Enrichir le terrain

En guise de terreau, je propose quelques réflexions concrètes et opérationnelles qui seront autant d'éléments fertilisants pour développer des communications vivantes et des relations en santé. J'ai élaboré ces réflexions au cours et au cœur de ma vie personnelle ainsi que dans ma pratique de formateur.

1. Reconnaître autrui dans sa différence

Il s'agit de reconnaître l'expression de l'autre comme étant la sienne. En lui confirmant[1] que ses sentiments, ses idées, son avis, ses croyances lui appartiennent bien.

« Oui, aujourd'hui, pour l'instant tu ressens cela. »

Je n'ai pas besoin de m'approprier les sentiments ou les désirs de l'autre, de les combattre ou de les dénigrer. Je peux les constater comme étant à l'exté-

---

1. Le pouvoir de confirmation est l'un des plus fabuleux que nous ayons. Il est à double niveau :

• Confirmer ce que nous avons entendu de l'autre, et dire ce que cela déclenche en nous. Il est possible à chacun, quelle que soit sa position sociale, de confirmer le dit, le sentiment ou le vécu de l'autre : « J'ai entendu que vous étiez en colère » ; « Vous souhaitez que je ne parle plus sur vous ! »

• Dire ce que cela déclenche en nous : « Oui, tu as envie d'arrêter tes études, et cela me panique. Si tu maintiens ce projet je me sens démuni comme rarement j'ai dû l'être dans ma vie d'adulte... » ; « J'ai entendu ton désir de me quitter. Je n'ai pas le même désir... et je suis paniqué au fond de moi à l'idée de ton départ possible. C'est vrai, j'aimerais que tu puisses rester. »

rieur de moi, comme ne m'appartenant pas, même si je me reconnais en eux.

Si quelqu'un dit :
« Ma fille m'annonce qu'elle veut arrêter ses études, cela m'a fait un choc... »,
ne vous sentez pas obligé de répondre :
« Oui c'est comme mon neveu, il a dit à sa mère qu'il ne reviendrait pas au lycée après les vacances de Pâques. Elle est dans tous ses états.... »

Vous pouvez entendre celui qui parle, celui qui est devant vous. C'est lui votre interlocuteur, c'est lui le sujet. Ce dont il parle est l'objet de l'échange[1]. « J'entends que cela vous affecte, vous pouvez me dire ce que vous ressentez... »

Vous pouvez aussi témoigner : « J'ai dû affronter une situation semblable l'an passé... », et exprimer un vécu personnel. Cela si une relation de réciprocité vous semble possible.
Soyez prudent, ce n'est pas toujours le cas. Celui qui exprime une difficulté veut surtout être entendu, reçu, amplifié, parfois confirmé, dans ce qu'il a fait ou vit.

1. Nous sommes dans une culture où l'on s'intéresse plus souvent à l'objet ... qu'au sujet !

2. Me reconnaître dans mes différences

• Ici, il s'agit de prendre le risque de me définir face à l'autre, quel qu'il soit[1].

Oser me définir dans ce que je ressens, éprouve, pense ou crois.

Se définir c'est se situer, se positionner. Cela ne veut pas dire s'imposer, ni convaincre. C'est accepter de moduler, de relativiser son expression, et par là même son positionnement. Dans un monde où les savoirs sont mouvants, les certitudes fugaces et changeantes, les croyances aléatoires, il est important de témoigner... au présent.

« Voici ce que je sens, ce que je pense. »

« Je parle de moi, je ne parle pas sur toi. »

« Voici ce que j'ai vécu, et ce qui m'a touché (blessé ou fait plaisir). »

Se définir ce n'est pas faire appel à des connaissances abstraites, à des savoirs ou des savoir-faire, cela relève plutôt du savoir-être, du savoir devenir. Cela s'enseigne par le témoignage.

1. Beaucoup de relations parentales (ou professionnelles) se vivent à l'intérieur d'un rapport de forces préétabli socialement, institutionnellement ou culturellement. Ce qui inquiète beaucoup les parents d'adolescents quand ils découvrent sans oser se l'avouer que le rapport de force est inversé... à leur détriment. Se définir ne vise pas à modifier le rapport de forces, mais permet de le vivre avec moins de violence implicite.

3. **Reconnaître mes résistances au partage, et aussi celles de l'autre**

• Échanger suppose chez soi une intentionnalité, une stimulation et une réceptivité... en face. Et réciproquement !

• Arrêter par exemple de procéder par « agression spontanée » telle que : « Tu ne me dis jamais rien. Vraiment rien ne t'intéresse ! » pour proposer une invitation à l'autre, à soi-même de partager.

Il s'agit de prendre le risque d'être clair sur mon désir de mise en commun.

Si je commence un échange par : « J'aimerais avoir ton point de vue sur.... » ou : « Que penses-tu de... » il faut que j'accepte le risque d'une réponse différente de celle que... j'attends.

Toute réponse hors du champ de mes références peut me déstabiliser, me renvoyer à ma solitude, à mon unicité aussi.

« Quand j'étais bébé
maman et grand-mère savaient pour moi.
Plus tard, c'est papa qui savait
pour maman et pour moi,
pas pour grand-mère
qui ne se laissait pas faire !
En grandissant un peu, j'ai découvert
que la maîtresse savait pour papa, maman
et donc pour moi.
Avec les ans, j'ai voulu savoir à mon tour.
Ça ne marchait pas toujours,
il y avait de la concurrence.
Beaucoup prétendaient savoir.
Aujourd'hui je sais que beaucoup savent peu,
que certains savent pour eux.
J'apprends difficilement à savoir pour moi...
avec le moins de certitudes possibles. »

Apocryphe du XXe siècle.

Est-ce que je cherche l'échange ou le combat ?

Est-ce que je cherche à gagner : influencer, convaincre, réduire ?

Est-ce que je veux séduire, me faire bien voir ?

Notre position d'adulte est souvent ambiguë à cet égard, car nous avons le sentiment (avec la plus grande sincérité) que c'est nous qui savons pour l'autre, notre ami, notre collègue, notre amoureux, et encore plus pour « eux » s'il s'agit de nos enfants !

« Je dois le protéger... Je dois prévenir les risques... Mes connaissances sont quand même supérieures... et plus "vraies" que les siennes ! Avec mon expérience, je sais ce dont je parle ! Je ne peux quand même pas les laisser faire tout ce qu'ils veulent et surtout ce que je ne veux pas ! »

Il est extrêmement difficile, sinon insupportable, pour la plupart des parents de perdre le contrôle sur les activités, les pensées ou même les désirs de leurs enfants. À l'opposé, laxisme, laisser-faire outranciers développent angoisses et passages à l'acte chez les enfants comme chez les adultes.

« Quand j'ai trouvé ma fille Giselle, six ans, et son petit copain du même âge déculottés derrière le garage, tout ce que j'ai trouvé à dire, c'était : "Vous n'avez pas froid, les enfants ?"
» Dire ce que je ressentais vraiment aurait été : "Je suis mal à l'aise de vous voir nus ensemble. Je peux comprendre, mais cela m'inquiète, je vous demande de remettre vos habits !" »

4. Reconnaître les possibles de l'autre

• **Il s'agit d'oser accepter que tout enfant a un savoir**, un ressenti, une expérience de vie.... bien sûr différents des miens. Puis-je prendre le risque de mettre justement cela en commun en acceptant d'écouter et de m'ouvrir à ce savoir... L'autre sait non comme moi... mais comme lui.

J'ai un point de vue, lui aussi en a un.

« Maman comment on fait les bébés ?

– Je te l'ai expliqué plusieurs fois, mais aujourd'hui dis-moi ce que tu crois toi !

– Alors, la maman doit manger une graine pour qu'un bébé puisse pousser dans son ventre...

– Voilà ce que tu crois ? que la maman elle doit manger une graine... ?

– Oui. Enfin, c'est presque ça ! Pour aller dans son ventre, la graine, elle doit la manger... »

Ainsi l'échange peut se poursuivre par ajustements successifs en s'appuyant sur les découvertes de chacun.

■

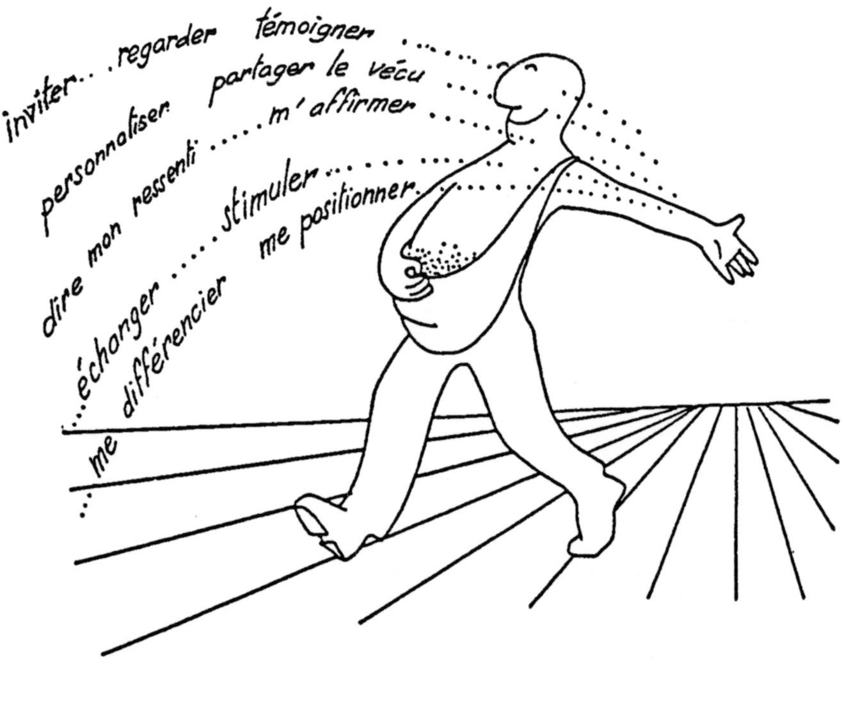
inviter... regarder
témoigner
personnaliser
partager le vécu
dire mon ressenti
m'affirmer
échanger
stimuler
me positionner
me différencier

Ensemencer

La semence que j'utilise ici porte en elle les germes d'une bonne communication, elle s'appelle **confrontation.**

Nous pouvons tenter d'échanger en termes d'apposition plutôt qu'en termes d'opposition ou de soumission.

Apposer, ce serait mettre mon point de vue à côté de celui de l'autre. Opposer, c'est l'ériger contre le sien.

Une seule lettre de différence entre...
Opposition et Apposition !

Mais entre crever et créer... il n'y a aussi qu'une seule lettre de différence !

■

Les quelques clarifications et apports qui précèdent, quand je peux les introduire dans un partage, dans un échange, favorisent le développement d'une dynamique nouvelle dans les relations humaines, celle de la **confrontation.**

Oui,
oser développer des relations de confrontation, ce qui est différent de l'affrontement, avec nos proches et avec nos supérieurs, avec nos pairs et avec nos enfants.

Mais il n'y a pas de confrontation possible quand l'autre (et les enfants sont d'une habileté incroyable pour le faire) me renvoie à mes peurs, à mes contradictions, à mes conflits passés ou simplement à mes vulnérabilités.

Cela nous entraîne trop souvent à proposer à nos enfants, que nous soyons parents ou accompagnants, un système relationnel fondé non sur l'écoute de leurs besoins réels (à ne pas confondre avec leurs désirs !), mais sur la transmission de nos peurs et de nos propres désirs. Sur la volonté de faire passer nos convictions ou nos certitudes. Sur notre envie d'être un bon père, une bonne mère, un bon enseignant... ou d'être perçu comme tel !

« Tu ne peux pas aller à l'école avec ces jeans troués. Que vont penser tes professeurs et les autres parents s'ils te voient comme ça ! »

« Je ne veux pas qu'on dise de toi que tu as des parents qui te négligent... On fera tout pour que tu ne puisses rien nous reprocher ! »

ALORS ? COMMENT ÇA S'EST PASSÉ ? TU AS BIEN RÉCITÉ TA FABLE ? COMBIEN AS-TU FAIT DE FAUTES À LA DICTÉE ? TU N'AS PAS ÉTÉ PUNI ?
maman ! tu sais, je passe déjà 7h. par jour à l'école à répondre à des questions ...

Ainsi trop souvent nous alimentons par des relations trop « envahissantes »... la bonne image que nous avons de nous-même ou que nous souhaitons entretenir aux yeux de notre entourage !

« Je voudrais que plus tard ils n'aient rien à me reprocher, je voudrais qu'on dise de moi : "Elle a fait tout ce qu'elle a pu pour eux..." »

Cet autonourrissement de la bonne-image-que-nous-voulons-donner va constituer une des pollutions les plus importantes des relations proches, en suscitant des décalages entre les attentes réelles et les réponses proposées. Ce qui entretient en général des frustrations, des blocages ou simplement des malentendus... douloureux.

« Ils croyaient m'avoir donné l'essentiel en faisant que je ne manque de rien. Ils avaient oublié de me donner la possibilité de dire non et de m'opposer à eux... », dira cet ex-enfant quelque trente ans plus tard.

Et cette femme après quinze ans de vie conjugale, conclura : « Mon mari faisait tout pour moi, il prévoyait à l'avance ce qui pouvait me faire plaisir, anticipait mon déplaisir possible, programmait mes désirs avant même qu'ils ne surgissent en moi. J'étouffais, j'avais le sentiment d'être aimée pour quelque chose que je n'étais pas. Un jour j'ai fui en laissant tout, j'ai dormi deux mois chez une amie d'enfance... Ensuite j'ai entamé une démarche de séparation, mon mari était catastrophé, il ne comprenait pas, moi qui avais "tout pour être heureuse" et lui qui faisait "tout pour que je le sois". Quels malentendus dans nos communications ! Quelles errances pour nous rencontrer ! »

ÉCRIVEZ !
2+2 = 4

Sarcler, clarifier encore

Quatre mauvaises herbes tenaces demandent à être repérées, car elles gênent, étouffent, empêchent une relation de se développer de façon créatrice.

Si nous acceptions d'écouter et d'entendre les messages qui « passent » dans la plupart de nos interventions à l'égard de nos enfants et de nos proches, nous reconnaîtrions, avec quelque malaise, ces quatre mauvaises herbes vivaces dans les champs de nos échanges :

Injonction, menace, sanction, culpabilisation

Injonctions avec des « tu dois », « il faut », « tu devrais », « il y a qu'à », et autres « yaka »...

Menaces réelles ou fantasmées (le plus souvent), avec des « Attention à ceci, si tu fais cela tu risques... », « Fais attention, tu vas te faire mal. »

Sanctions avec des privations, des rejets :

« Puisque tu ne m'as pas obéi, tu n'auras pas... »

« Puisque tu ne manges pas ta soupe, tu n'auras pas la suite... »

« Inutile de me demander ton argent de poche, après ce que tu as fait cette semaine... »

CE N'EST PAS COMME ÇA
QU'IL FAUT FAIRE,
JE TE L'AI DIT CENT FOIS !
dites-moi plutôt ce que vous ressentez quand vous voyez mon modelage.

Culpabilisations avec :

• Des accusations : « À cause de toi, après ton échec, ton père est malade » ; « Ta mère n'a pas supporté la honte de te voir enceinte... je ne sais si elle s'en remettra, la pauvre. »

• Des comparaisons : « Ton frère, lui... » ; « Ta sœur, elle... »
« Françoise, elle, on ne peut rien lui dire, c'est la plus bête. Janine, on ne peut rien lui dire, c'est la plus petite. Mais toi Pierre, toi qui sors du séminaire, comment as-tu pu faire ça ! »

• Des plaintes : « Après tout ce qu'on a fait pour toi » ; « J'ai sacrifié ma vie pour vous, je ne me suis jamais remariée, et aujourd'hui... »

• Des mises en demeure : « Tu aurais pu penser à nous avant de faire ça. Ton frère, lui, jamais il n'aurait... » ; « Tu m'as fait de la peine, j'espère que tu ne recommenceras pas ».

Aussi choquante que puisse paraître à certains la connotation péjorative de ces termes, c'est cependant cela que trop souvent nous transmettons, malgré nous, aux enfants qui nous entourent... avec une bonne volonté accablante.

Outre ces mauvaises herbes classiques, il y a un chiendent particulièrement pernicieux: les doubles messages ou doubles binds:

« Tu es trop petit pour sortir tous les soirs. Quand tu seras grand tu feras ce que tu voudras, mais à ce moment-là, tu n'en auras plus envie... »

« Tu es libre de faire ce que tu veux, mais tu sais que ton père n'aimera pas ça ! »

« Mon petit chéri, tu pourrais quand même lacer tes chaussures tout seul, tu es grand maintenant! Ah, qu'est-ce que tu feras plus tard quand je ne serai plus là ! »

« Allez, dépêche-toi de choisir pour une fois. Tu vas à la piscine ou au foot ? »

■

JE SUIS RESPONSABLE DE MON BOUT, MAIS EST-ELLE CAPABLE DE L'ÊTRE DU SIEN ?
IL CROIT TOUJOURS QUE JE SUIS INCAPABLE DE ME RESPONSABILISER. JE ME DEMANDE S'IL SERA ASSEZ SOLIDE POUR ENTENDRE TOUT CE QUE JE VEUX LUI DIRE...

Planter

Dans notre jardin relationnel ainsi préparé, plantons, mettons des règles simples et saines, prometteuses de communications vivantes, dynamiques et en santé.

Ces quelques règles, tirées des principes de base énoncés plus haut, pourront servir de prémices à une nouvelle grammaire relationnelle directement applicable au quotidien de chacun.

• Toute relation, que je peux symboliser par une écharpe[1], comporte deux extrémités. Celle que je tiens, celle que tient l'autre.

Je ne suis responsable que de mon extrémité. Et je veille à ce que l'autre puisse se sentir responsable de la sienne.

Les conséquences de cette responsabilisation, quand elle peut être prise, sont étonnantes, et parfois détonantes ! Car c'est tout un système de valeurs qui est bousculé et remis en cause.

1. L'écharpe symbolisant la relation entre deux personnes est un outil pédagogique d'une singulière efficience. Chaque fois que je me sens en difficulté de relation, je peux imaginer une écharpe entre l'autre et moi. Cette écharpe me relie (sans m'attacher ou m'étrangler), je peux différencier ce qui vient de l'autre et ce qui vient de moi. Je peux tenter de le recevoir, de l'amplifier ou de le rejeter. Je peux mieux reconnaître comment est perçu par l'autre ce qui vient de moi.

Dans le système qui domine actuellement dans la plupart des relations proches, chacun des protagonistes tente de gérer les deux extrémités de l'écharpe relationnelle. Ce qui développe le plus souvent des relations d'aliénation, de contrainte ou de dépendance.

« Par tradition familiale, tu devrais voter à droite... »

« Tu ne vas pas partir deux ans à l'étranger en laissant ta mère seule, tout de même ! Ce n'est pas sérieux ! »

• **Je ne parle plus sur l'autre, je ne le laisse plus parler sur moi.**

J'arrête donc de pratiquer la « relation klaxon » (à base de tu, tu, tu...) :

« Tu as vu l'heure qu'il est ! tu seras fatigué demain... »

« Tu veux arrêter à la fin ! tu es insupportable quand même ! »

• **J'accepte de parler à mon « bout de la relation »,** c'est-à-dire à partir d'une expression personnelle :

« Je te demande d'aller dans ta chambre, je ne supporte pas tes cris... »

• **Je parle de ce que je ressens et j'invite l'autre à parler de lui :**

« Je n'ai vraiment pas envie de sortir ce soir, quel serait ton projet à toi ? »

« Je me sens irrité et j'ai besoin d'avoir ton point de vue à toi. »

• **S'entendre ne signifie pas avoir ensemble le même avis, les mêmes sentiments, le même point de vue.**

Je peux partager des idées, des connaissances, des savoirs différents :

« Nous différons beaucoup sur ces questions, je souhaite avoir plus de temps pour en parler avec toi. »

« Quand tu me parles de cette personne, je ne désire pas poursuivre, car elle n'est pas là, mais si tu as envie de me dire ce que toi tu ressens vis-à-vis d'elle, là je peux t'entendre... »

• **J'essaie de mieux différencier ce qui vient de l'autre (et qui lui appartient) de ce qui vient de moi (et qui m'appartient) :**

« Tu sembles de mauvaise humeur et je ne suis pas sur la même longueur d'onde que toi ce matin... »

« Tu vois cette situation comme sans gravité, mais moi je reste préoccupé par cette histoire... »

C'EST DIFFICILE DE NE PLUS RENDRE L'AUTRE RESPONSABLE DE CE QUI NE VA PAS CHEZ MOI...
OUI C'EST INSUPPORTABLE DE NE PLUS SE VICTIMISER EN DÉCOUVRANT QUE C'EST BIEN MOI QUI AI ACCEPTÉ TOUT CELA DE LUI PENDANT TANT D'ANNÉES!

• **Je n'ai plus besoin de tenter d'entraîner l'autre** dans la soumission (obéir ou faire ce que je lui dis) ou de le rejeter dans l'opposition (et entraîner chez lui fuite, sabotage ou refus) :

« Maman, regarde comme elle est laide, la grosse dame...

– Oui, tu trouves que cette dame est laide. Moi je la vois autrement... » au lieu de : « On ne dit pas des choses comme ça ! »

Les interdits ou les censures imposés à un enfant contribuent à sa propre inhibition. Je préfère pour ma part proposer un témoignage, un positionnement clair de soi face à une situation, un comportement, un événement ou une tranche de vie.

Ce qui reste dans le souvenir d'un enfant comme un point d'appui à la croissance, c'est l'attitude de l'adulte, pas le discours que l'adulte fait sur lui.

• **Je suis seul responsable de mon écoute.**

C'est celui qui reçoit le message qui lui donne son sens immédiat. C'est donc bien moi qui donne un sens au message reçu[1].

Si je me blesse avec, c'est seulement moi qui entretiens ma souffrance.

Si elle me dit : « Je ne suis pas disponible pour te voir aujourd'hui » et que j'entends : « Elle ne m'aime plus, elle ne veut plus me voir, elle est avec un autre, ou elle n'ose pas me dire que c'est fini... », personne d'autre que moi ne produit cette écoute là... et toute la pollution qui s'y rattache, et je peux ainsi me torturer longtemps avec ma seule production imaginaire.

1. Cette notion est difficile à intégrer dans le système culturel qui domine encore aujourd'hui. La notion de *réalité* (manifestation de l'extérieur) domine sur celle de *réel* (la façon dont je reçois cette réalité.) Tout se passe comme si la matérialité des choses dominait sur la conscience qu'on en a.

C'EST BIEN BEAU DE DIRE :
CHACUN EST RESPONSABLE DE SES SENTIMENTS !
MAIS ALORS QU'EST-CE QU'ON VA PARTAGER ?
JUSTEMENT CELA ! CE QUE CHACUN ÉPROUVE ET RESSENT, C'EST CELA LE PARTAGE : NOS DIFFÉRENCES !
AH BON ? MAIS MOI JE CROYAIS. QUE C'ÉTAIT ÊTRE TOUJOURS D'ACCORD !
OUI, D'ACCORD AVEC TOI !

• Je n'ai pas à collaborer au système d'échanges qui domine actuellement dans la communication contemporaine :

le système question-réponse.

À toute question nous nous sentons souvent obligés de produire une réponse.

Ce système ne me convient pas toujours. Soit il m'enferme dans des réponses que j'ai à fournir, soit il me pousse à questionner là où l'autre... n'est pas ! Je peux proposer un autre système d'échanges :

l'écoute participative.

En prenant le temps de confirmer chez l'autre ce qu'il me dit avec sa question, je lui permets... d'entendre sa véritable interrogation. Cela favorise aussi mon écoute et me permet de l'entendre aussi.

Par exemple, si mon enfant me dit : « Papa, c'est vrai qu'il y a des parents qui n'aiment pas leurs enfants ? »,

au lieu de lui répondre : « Mais non, il n'y a que des parents maladroits » ou bien : « Oui, mais c'est très rare »,

je peux entrer en relation avec lui : « C'est une interrogation importante pour toi, peux-tu m'en dire plus... ? »

Le questionnement des enfants est souvent une amorce à un échange espéré.

Tout se passe comme s'ils vérifiaient le degré de disponibilité de l'adulte en face d'eux... avant de dire le véritable enjeu de leur demande.

Contrairement à ce que croient beaucoup d'adultes, les enfants ne souhaitent pas toujours de réponse à leur question... mais attendent une véritable écoute de leurs interrogations et de leurs inquiétudes.

« Maman, quand je serai grand et que tu seras vieille, est-ce que tu vas mourir ? »

L'enjeu n'est pas dans la réponse au niveau du contenu, mais dans le sens donné à la question, par exemple soit dans la peur d'être seul, soit dans l'attente d'une confirmation sur la solidité de la relation, ou tout autre enjeu en gestation chez les enfants.

Le questionnement des enfants est équivalent aux contractions d'une gestation difficile. Ils visent par une question à mettre au monde un morceau de puzzle supplémentaire à leur construction de l'univers. À travers une question, ils cherchent à combler l'énorme fossé qu'il y a entre la réalité et le réel qui l'habite, en mettant au monde des réponses et des repères les plus sûrs possibles... même s'ils ne sont pas durables et éternels.

les adultes, ils sont compliqués !
oui, ils croient qu'on devrait comprendre sans qu'ils disent

• **Je demande que soit respectée ma longueur d'onde.** Comme émetteur, j'émets sur une longueur personnelle.

Quand je parle sur un registre donné, je veux être entendu dans ce registre.

« Je t'invite à aller au cinéma ce soir !

– Oh non alors ! Quand c'est moi qui t'invite, tu refuses toujours !

– Je ne parle pas de tes invitations, je te parle de la mienne, ce soir. Si tu souhaites parler de ce qui s'est passé la semaine dernière, c'est possible, mais c'est un autre échange... »

Nous sommes d'une grande habileté pour dévier les échanges trop directs, ou trop impliquants, sur le terrain de notre choix : celui du déplacement sur le terrain sensible de l'autre ou sur celui du reproche, de l'accusation ou de la plainte. Inversant par là même le rapport d'influence.

Les réponses alibis sont les plus fréquentes. Elles évitent d'aborder la demande réelle :

« Je vous demande de ne pas traîner ce soir, car nous sortons votre père et moi.

– Ouais, c'est pas juste ! Nous on doit toujours répondre à vos demandes, toi tu n'entends jamais[1] quand je te demande de m'emmener au foot le mercredi ! »

Ne pas suivre celui qui parle sur son sujet, sur son terrain, permet de ne pas l'entendre, de ne pas se laisser interpeller par lui et donc de nier tout échange.

« Tu penses avoir remonté tes notes en maths, ce mois-ci ?
– Oh tu sais ! notre prof est amoureux, alors il est très occupé ailleurs... »

« J'envisage de partir seule quelques jours, durant ces vacances...
– Tiens ! ma mère a téléphoné, elle demande si nous pouvons passer quelques jours chez elle cet été. »

1. Le *toujours* et le *jamais* font partie de l'arsenal de base de tout enfant... et de tout parent. Ce sont les Scud de la communication.

TAIS-TOI
QUAND JE PARLE !
T'ES TOI
QUAND TU PARLES...

Préparer les pépinières de l'avenir

Est-il utopique de penser que ces quelques principes de base puissent un jour s'apprendre dès l'école maternelle ?

Et que cet apprentissage s'approfondisse durant tout le cursus scolaire ultérieur ?

Bref, que la matière

COMMUNICATIONS VIVANTES ET RELATIONS EN SANTÉ

soit reconnue comme aussi fondamentale que le CALCUL, la GRAMMAIRE, la GÉOGRAPHIE ou l'HISTOIRE ?

La seule question sera comment former à la communication participative et relationnelle les enseignants qui pratiquent depuis tant d'années une communication de consommation[1] fonctionnelle ?

1. J'appelle *communication de consommation* celle dont le seul souci est de faire passer des informations, celle qui se fonde sur la capitalisation du savoir, sur l'accumulation et la redondance du discours. Les mass media illustrent ce phénomène, nous abreuvant de données sur le Liban, l'Irak ou un tremblement de terre au Japon, puis supprimant d'un seul coup la focalisation sur ces thèmes pour s'emparer d'un autre sujet... sur lequel il y aura abondance de paroles, d'images...

En attendant ce changement institutionnel, progressons dans notre utopie et tentons de l'inscrire au quotidien de notre vie à chacun.

Apprendre très tôt quelques principes élémentaires de communication m'apparaît aussi important que la règle du participe passé, la table de multiplication par 9 ou le carré de l'hypoténuse ! D'autant que je crois cet apprentissage urgent et vital. Car nous sommes de plus en plus malades... d'incommunication.

Quand il y a le silence des mots
se réveille trop souvent la violence des maux.

Quand je n'ose pas dire que j'en ai plein le dos, il ne me reste plus qu'à avoir mal au dos. Combien de lumbagos, de sciatiques et d'angines répétitives pour des non-dits refoulés ! Combien d'otites ou d'eczémas pour des colères rentrées !

Nous sommes devenus les artisans d'une communication perturbée, truffée de maux et de passages à l'acte somatique incroyablement variés, infinis dans leur répétition, avec des enjeux et des sens multiples.

Nous sommes devenus, enfants et ex-enfants, les spécialistes d'une « communication déviante » qui utilise des métaphores perverses (fuite dans la consommation de gadgets audiovisuels, de médicaments), et recourt de plus en plus fréquemment aux pratiques irrationnelles[1] et aux prévisions magiques pour contrôler l'imprévisible du futur.

---

1. Ce qu'il était habituel d'appeler la parapsychologie se porte bien. L'envol, ces dernières années, des pratiques ésotériques, chamaniques, l'appel aux guides, aux voyants, aux intercepteurs de l'au-delà ou de l'en-deçà, font florès. Dépossédés du symbolique, nous faisons appel à l'irrationnel... au pire, parfois au meilleur !

maman je m'ai quitté mes chaussures !
ON NE DIT PAS JE M'AI QUITTÉ, ON DIT J'AI QUITTÉ...
maman je m'ai quitté mes chaussettes !
ON NE DIT PAS JE M'AI QUITTÉ...
maman je m'ai quitté le pantalon !
ON DIT J'AI QUITTÉ MON PANTALON.
maman, pourquoi t'as quitté papa?
! ?

Oui, nous sommes tous des ex-enfants et en matière de communication notre immaturité, notre infirmité sont anciennes, tenaces, douloureuses et toujours réactivées par les enfants[1] qui nous entourent.

« J'ai longtemps interdit à mes enfants ce que mes parents m'ont interdit.
– Moi c'est l'inverse, j'ai souvent autorisé ce qui m'était interdit... sans les écouter dans leur demande réelle. »

Osons réinventer une communication vivante et des relations en santé avec nos enfants, avec nous-mêmes, avec ceux qui nous entourent, pour dépasser nos vieux schémas, pour libérer d'autres possibles.

1. Les enfants sont d'une habileté fabuleuse, tenace, impitoyable pour mettre à jour les secrets de famille, les blessures cachées, les situations inachevées qui jalonnent tout parcours familial.

J'ai développé ce thème dans *Papa, Maman, écoutez-moi vraiment*, aux éditions Albin Michel.

PARTAGER
STIMULER
TÉMOIGNER
DIFFÉRENCIER
M'AFFIRMER
PARLER DE MOI
je m'autorise à faire des demandes
j'invite
j'échange
je dis mon ressenti
je parle à l'autre

Deuxième partie

Jalons pour une grammaire relationnelle susceptible de nous aider à développer concrètement des communications vivantes et des relations en santé

Ceci pourrait être les prémices d'une grammaire susceptible de servir de base non seulement à un vocabulaire relationnel nouveau mais aussi à une méthodologie possible de l'échange participatif. Je souhaite que dans les années à venir nous consacrions plus de temps et d'énergie à retrouver les moyens d'une communication relationnelle.

Moissonner

Après avoir préparé le terrain, l'avoir ensemencé, laissé germer et fleurir, le temps vient de la moisson et du recueil des fruits.

TU DEVRAIS ÉCOUTER TA MÈRE QUAND ELLE TE PARLE !
TU N'AS PAS FAIT TES DEVOIRS ET TU SERAS PUNI DEMAIN !
TU AS VU L'HEURE QU'IL EST ?
TU N'AS RIEN MANGÉ AUJOURD'HUI !
TU NE VAS PAS ARRÊTER D'EMBÊTER TA SŒUR ?
TU N'AS RIEN FAIT À L'ECOLE !
TU DEVRAIS TE PRÉPARER MAINTENANT !
TU POURRAIS M'AIDER QUAND MÊME...
MAIS TU NE VAS PAS SORTIR COMME ÇA ?
maman, papa, j'ai lu quelque part que la relation KLAXON entre parents et enfants empêchait de communiquer le TU TU TU m'éloigne de vous. Je voudrais vous rencontrer vraiment papa, maman !
M91.

1. Personnaliser

• Passer du ON au JE.

Tout d'abord, apprendre à s'exprimer en disant **JE**, première personne du présent de l'indicatif, et non continuer des pseudo-communications au travers d'un **ON** ou d'un **NOUS** impersonnel.

Pour cela, il nous faut dépasser les résistances culturelles qui censurent ce genre d'expression, et oser affronter le jugement possible d'un entourage prompt à vous traiter d'égoïste, de personnaliste ou d'égocentrique (et même d'égocentriste !).

Quand je dis JE, je ne ramène pas tout à moi, je témoigne, je me situe, je me positionne. Cela permet à l'interlocuteur d'avoir quelqu'un de réel, de concret, quelqu'un d'existant, devant lui.

Ce que nous disons habituellement :

« Nous avons beaucoup aimé ce film que nous avons vu hier soir. »
« Nous sommes heureux de vous avoir rencontré. »
« Tu me fais mal quand tu dis ça. »

QU'EST-CE QUE TU MANGES SALEMENT !
et qu'est-ce que tu ressens, Papa, quand je mange salement ?

Autre formulation possible :

« J'ai beaucoup aimé ce film que nous sommes allés voir ensemble hier soir, et toi ? »

ou, sur un autre thème :

« J'ai eu un réel plaisir à échanger avec vous. »
« Je me sens blessé de t'entendre parler comme ça. »

Ce qui permet de parler de moi à l'autre à partir **d'un « vécu actuel ».** J'ose exprimer mon ressenti plutôt que de penser pour l'autre en utilisant un NOUS trop souvent factice. Le ON et le NOUS servent trop fréquemment de protection et engendrent des relations « en conserve », figées, trop conventionnelles, qui stérilisent les échanges.

Nous disons :

« Nous avons passé de bonnes vacances cet été »
ou :
« Nous ne sommes pas contents de tes résultats. »

Formulation possible :

« J'ai passé de bonnes vacances cet été, et toi ? »
« J'en ai parlé avec ton père, bien sûr, et je ne suis pas contente de tes résultats. Lui te dira ce qu'il en pense. »

maman, tu viens me faire encore un câlin ?
JE SUIS AVEC MON MARI, C'EST NOTRE MOMENT À NOUS DEUX ! JE TE VERRAI DEMAIN MATIN POUR LE PREMIER CÂLIN DU JOUR !

2. S'affirmer

• Je me positionne et je m'affirme.

L'usage du questionnement direct ou indirect domine dans la plupart des échanges. Nous commençons la quasi-totalité d'un partage par une question. Ce qui mobilise le système question-réponse (avec toutes les limites et les impasses que nous avons décrites plus haut).

Plutôt que de poser des « fausses questions » ou de commencer l'échange par une interrogation indirecte, je m'appuie sur ce que je sens, sur ce qui me mobilise.

Nous disons :

« Tu n'as pas faim ? »
« Tu n'aimerais pas sortir avec le temps qu'il fait ? »

Formulation possible :

« Je mangerais bien maintenant... »,
ou :
« Je souhaite passer à table. »,
ou encore :
« Je trouve qu'il fait beau et je souhaite sortir pour prendre l'air, je t'invite.... »

BONSOIR !
ET MOI
ET MOI !
J'EMBRASSE MA FEMME,
JE PEUX T'EMBRASSER AUSSI
MAIS CE NE SERA PAS
LE MÊME BAISER !

• Je tente de privilégier chaque fois une expression personnelle.

J'exprime mes idées, ou mon expérience, je me définis à partir de ce que je sens ou de ce que je sais. Je parle de moi à l'autre avec ce que je suis aujourd'hui. Je peux lui dire par exemple mon trouble, mes interrogations quand il y a un décalage entre ce que je sens et ce que je sais !

« Tu me dis que tu as parlé à tes parents de notre projet de vacances en août, mais je sens qu'il n'en est rien et cela n'est pas facile pour moi. »

Quand je suis en contradiction entre mon désir de laisser grandir mon enfant et mon besoin de le protéger, je peux témoigner de ces deux sentiments :

« C'est vrai que je suis heureux de ton choix de Paris pour ces études. En même temps, je me fais du souci, cette ville me paraît difficile à vivre... »

Pouvons-nous accepter de nous présenter comme des êtres en interrogation, partagés et mobilisés par des désirs et des peurs contradictoires ? Le positionnement de soi sur des positions monolithiques contrarie le partage et l'échange.

JE SORS PRENDRE L'AIR,
JE T'INVITE À VENIR
AVEC MOI...

• Je peux rester moi, je m'identifie et je me différencie de l'autre.

Toute l'aventure humaine vise à se dégager progressivement de la dépendance physiologique, psychologique, émotionnelle et affective qui s'inscrit en nous dans les premiers temps de la vie hors du ventre maternel. L'élevage d'un enfant consiste essentiellement à lui permettre de sortir, à dépasser cette dépendance, et surtout à ne pas tenter de la reproduire ou de l'imposer à des relations proches.

Il reste difficile de sortir de la fusion relationnelle, dans laquelle nous restons enfermés longtemps... comme enfant, dans laquelle nous enfermons trop souvent... nos enfants et nos partenaires.

Dans cette perspective, toute tentative de différenciation de leur part, ou de notre part, risque d'être vécue comme de l'indifférence, comme un éloignement assimilé à un abandon, à une perte possible. Toute démarche de changement dans un système relationnel suscitera résistances, oppositions, violences et/ou changements et réajustements.

Oser la confrontation, en affirmant ma différence... Se confronter, ce n'est pas m'opposer ou m'imposer, ni rejeter l'autre, c'est tenter de me faire reconnaître de lui avec ce que je suis. Je peux poser ma propre parole à côté de celle de l'autre.

La scène se passe à la cantine scolaire. La dame de service fait une réflexion à Jenny (huit ans), engagée dans une discussion un peu vive avec une copine. Elle intervient en disant à Jenny: « Tu es idiote de dire des choses comme ça ! »

Jenny la regarde, puis répond: « Ce que vous venez de me dire n'est pas bon pour moi, je vous le rends. Moi je ne me sens pas idiote. Si vous avez envie de me parler, dites-moi plutôt ce qui est touché en vous dans ce que j'ai dit à ma copine.... »

La dame de service, en rapportant cette situation, s'exclama: « C'est incroyable, cette enfant m'a permis par sa réflexion de prendre conscience que, quand quelqu'un avait une opinion différente de la mienne, je le traitais aussitôt d'idiot... » Puis, songeuse: « Moi qui doute sans arrêt de tout et de moi-même! Il y a quelques années, j'aurais donné une gifle à cette gamine, aujourd'hui j'aurais envie de la remercier. »

« Je vais sortir ce soir et je te laisse seul avec la jeune fille qui te garde habituellement.

– Ce n'est pas juste, répond l'enfant. Toi tu sors quand tu veux, tu fais ce que tu veux, moi je suis toujours obligé de faire ce que tu veux!

– Ce que je suis en train de te dire, c'est que je sors ce soir. Je te laisse et je rentre vers minuit. Je te prête mon oreiller, je le reprendrai en rentrant... »

• Je peux me définir en affirmant ma différence.

Après avoir confirmé le point de vue de l'autre... je le remets chez l'autre. Je peux ensuite affirmer le mien et constater nos points de divergences, de séparation.

« J'aime beaucoup cette musique et je sens bien qu'elle ne te touche pas autant qu'elle me bouleverse. »

Je laisse l'autre libre et responsable de sa perception, de son désir, de sa décision. Et je reste libre et responsable de ma perception, de mon désir ou de ma décision. C'est une attitude à cultiver car elle dynamise beaucoup la réflexion ultérieure qui suit la rencontre. Quand je ne me sens pas menacé, contredit ou jugé, je peux enfin entendre et recevoir le point de vue de l'autre, même si je ne le fais pas mien.

Si l'autre me dit:

« Tu as un sale caractère, on ne peut jamais rien te dire, tu te fâches tout de suite »,
ou encore :
« Ce n'est pas comme ça qu'il faut faire, je te l'ai dit cent fois. Qu'est-ce que tu es maladroit, on ne peut vraiment pas compter sur toi... » ,

je peux me positionner de façon à ouvrir l'échange.

« Oui, tu me vois comme maladroit. Je t'invite à ne plus parler sur moi. Je n'ai plus envie de me laisser définir comme maladroit car je ne me reconnais pas dans cette définition. Dis-moi plutôt ce qui se passe pour toi lorsque tu me vois agir de telle ou telle façon, lorsque tu m'entends tenir tel ou tel propos, et parlons enfin de nos façons d'agir différentes. »

NE PRENDS PAS TON VÉLO POUR ALLER À L'ÉCOLE, TU VAS ENCORE AVOIR UN ACCIDENT !
maman, je souhaite vraiment que tu fasses quelque chose pour ta peur...

Nous pouvons même imaginer un enfant qui puisse dire :

« Papa, dis-moi ce que tu ressens quand tu découvres que j'ai zéro en maths ! »

« Maman, que se passe-t-il en toi quand je suis en retard ou que je te demande ton accord pour aller à cette soirée tardive... samedi ! »

« Grand-mère, je sens que tu n'aimes pas ton gendre mais je voudrais te rappeler que c'est mon père, et d'entendre sans arrêt des critiques sur lui n'est pas très bon pour moi. Même si tu fais de bonnes confitures, grand-mère, et même si je t'aime beaucoup... »

QUAND LES ENFANTS INVITENT LES PARENTS À S'EXPRIMER PLUS OUVERTEMENT, ALORS ILS PERMETTENT À LEURS GÉNITEURS DE GRANDIR ET DE DEVENIR PLUS ADULTES.

3. Respecter, se respecter

• Je reconnais mes sentiments comme étant les miens et je les relie à ce que j'éprouve.

C'est difficile pour beaucoup d'adultes et d'enfants de repérer le plus immédiatement possible les sentiments éprouvés lors d'une rencontre, dans une situation donnée. Car ceux-ci, censurés dans l'enfance, ont du mal à émerger librement dans une rencontre directe. Ils arrivent souvent après coup, dans l'après de la situation et à ce moment-là ils se transforment en ruminations ou ressentiments.

L'expression directe des sentiments et des ressentis est un des apprentissages essentiels pour une communication participative, chez l'émetteur... et aussi chez le récepteur qui s'en trouve interpellé.

Nous disons habituellement :

« Regarde, tu fais de la peine à ma mère... »,
ou :
« Fais donc attention, tu vas faire mal à ton frère... »

Il serait possible de dire :

« Je suis contrarié par tes paroles, ce que je t'ai entendu dire à ma mère me choque »,
ou bien :
« Je crains pour ton frère, je te demande d'arrêter de jouer de cette façon. »

• Je parle de moi à l'autre au lieu de parler sur l'autre.

J'ai appris à distinguer dans mes conduites, dans mes façons de communiquer, trois modalités qui sont « antirelationnelles »:

– Parler sur l'autre, faire un discours sur lui, pratiquer ce que j'ai appelé la « relation klaxon !

– Parler à sa place, répondre pour lui (dynamique du coucou !).

– Parler à travers l'autre, me servir de ce qu'il a dit pour m'exprimer... sans trop de danger (communication différée !).

Ces trois modes sont de véritables cancers dans les relations ; à long terme ils dévitalisent et stérilisent les échanges.

Le paradoxe de cette façon de faire, c'est que celui qui parle sur l'autre ou pour l'autre... non seulement n'existe plus comme interlocuteur, mais n'a plus personne de réel devant lui.

Pour exister devant l'autre dans un échange, il est important de se définir, en témoignant, en osant se positionner avec un ressenti énoncé clairement.

Nous invitons donc, chaque fois que cela paraît possible, à se réapproprier son expérience directe, au présent, pour en témoigner dans un contact direct. C'est ce qui fait que certains êtres sont consistants, cohérents et nous rendent ainsi plus consistants, plus cohérents.

Nous disons à nos enfants :

« Tu es insupportable, tu me mets en colère, tu es méchant de me faire de la peine », etc.

Formulation possible :

« Je suis fatigué ce soir et le bruit que tu fais m'est intolérable. Je suis vraiment en colère. »

Je peux aussi dire le sentiment qui m'habite, ma peine ou tout autre ressenti.

Je ne confonds pas la personne et son comportement. Je distingue ce qu'il fait... de ce qu'il est.

J'exprime ce que cela me fait et je le distingue du comportement et du ressenti de l'autre.
« J'ai vécu deux mille cinq cents fois cette scène : quand ma mère éternuait, elle me disait aussitôt : "Va mettre un pull !" »

Pouvoir dire : « La conduite que je t'ai vu avoir avec ta sœur tout à l'heure a soulevé de la colère en moi. Je n'approuve pas cette manière de te comporter vis-à-vis d'elle et j'ai besoin de te le dire »,
plutôt que de jeter, excédé :
« Tu es vraiment insupportable avec ta sœur, elle ne t'a rien fait pourtant ! »

Pour ne pas se laisser aller à exploser : « Tu as vu l'heure qu'il est, tu ne crois pas qu'il est temps d'aller te coucher ! »,
je peux simplement dire, sans justifier aucunement mon intervention :
« Je te demande d'aller au lit. »

Les enfants apprécient les adultes qui savent se définir sans culpabiliser, sans reprocher, sans accuser.

• J'ose exprimer mes désirs sans les transformer automatiquement en demandes ou en exigences.

Je prends le risque d'énoncer mon désir en cessant d'imaginer que l'autre doit le deviner ou va tout de suite le contrarier, ou encore qu'il devrait s'obliger à y répondre favorablement.

Un désir peut rester un désir sans se transformer toujours en demande.

« Il avait très envie d'une moto. Il en parlait tout le temps. Pour son anniversaire, sa femme, croyant lui faire plaisir, avait collecté les fonds chez tous ses amis pour cet achat. Il y eut quarante-deux chèques dans son assiette... avec lesquels il n'acheta jamais *sa* moto... »

Nous disons fréquemment :

« Tu n'as pas envie d'aller au cinéma ? »

Formulation possible :

« Je souhaiterais aller au cinéma avec toi. »

Je ne transforme pas automatiquement mon désir en demande. Je témoigne dans un premier temps du désir, du souhait, de l'envie ou du mouvement qui m'habite.

« J'ai envie d'aller au cinéma ou d'avoir un blouson en cuir ! Et c'est bon pour moi que tu connaisses mon désir. »

mon père, il voudrait que ma maman soit la sienne...
le mien, il a de la chance, il a 3 femmes : ma grand'mère, ma mère et moi !

Je peux parfois, pas toujours, transformer mon désir en demande. Mais je sais que l'autre peut dire « oui » ou « non », et aussi « peut-être » ou « je ne sais pas ». Bref, qu'il est libre de se positionner à son tour. Je n'oublie jamais que le désir et sa réalisation reposent sur deux registres relationnels différents.

Si la demande est entendue, nous verrons ensuite comment il est possible de la transformer en projet, en ayant la capacité de faire passer le désir dans une réalité accessible, viable.

Il est tout aussi important que l'autre ne s'empare pas de mon désir en cherchant à le satisfaire tout de suite.

« C'est vrai, j'avais rêvé de cette robe ; cela ne voulait pas dire que je voulais l'avoir ! »

« Papa, ne m'enferme pas dans ma collection de timbres en m'offrant un nouvel album à chaque anniversaire. J'ai plein d'autres centres d'intérêts, papa ! »

Si je reconnais mon désir comme étant le mien... et non celui de l'autre, j'en garde la responsabilité. Nous pourrions donner ce conseil surprenant :

Ne mettez pas vos désirs dans n'importe quelles mains !

De même, si je reconnais le désir de l'autre comme étant le sien, je ne me sens pas obligé d'y répondre. Je reste libre devant sa demande :

« Cela me fait plaisir que tu m'invites à dîner, mais ce soir je préfère écouter de la musique. J'aimerais qu'on fixe un autre moment pour ce repas ensemble. »

Nous disons :

« Tu ne crois pas qu'il serait temps d'arrêter de regarder la télévision pour passer à table ? »

Nous pourrions dire :

« Je suis vraiment dérangé, je te demande d'arrêter la TV pour pouvoir passer à table ensemble. C'est vrai, j'ai ce désir-là. »

Le propre d'un désir, c'est qu'il a besoin d'être reconnu, apprécié ou simplement entendu.

Tous les désirs sont énonçables ; cela ne veut pas dire qu'ils sont tous acceptables.

TU VAS TOMBER !
OOOO YO YOOO !!!

Nous avons trop souvent tendance à « transmettre des peurs » sous forme d'interdits, de mises en garde, de menaces possibles.

Beaucoup d'entre nous produisent aussi de la **répression imaginaire,** en anticipant les conséquences négatives ou catastrophiques d'un acte, d'une parole.

« Il vont me prendre pour un fou, si je dis ce que je pense ! »

« Elle ne pourra plus jamais avoir confiance en moi si je dis toute la panique que j'ai... »

« Je sais qu'il va me refuser, alors je ne demande même pas. »

La répression imaginaire s'exprime dans deux directions : l'autorépression et la répression sur l'autre.

L'autorépression

Nous imaginons que si nous faisons ceci ou cela nous risquons de provoquer chez l'autre rejet, blessure, violence, et nous nous abstenons.

« J'en ai vraiment marre d'être en pension.
– Tu l'as dit à tes parents ?
– Oh non ! ils ne peuvent pas comprendre. »

Il s'agit d'apprendre à différencier nos peurs (et donc nos désirs) pour ne pas les associer, les confondre ou les mêler à ceux de l'autre.

« Tu as peur que je ne gagne pas ma vie, si je fais des études de lettres ? Mais c'est ta peur à toi. Oui, je sais que les emplois sont plus rares dans ce domaine, mais c'est l'orientation que je choisis. J'en prends le risque. »

Nous disons :

« Je ne veux pas que tu prennes ton vélo pour aller à l'école. Distrait ou maladroit comme tu es, tu vas encore avoir un accident. »

Formulation possible :

« Je ne souhaite pas que tu prennes ton vélo pour aller à l'école, j'ai peur que tu aies un accident. Tant que j'ai cette peur en moi, je ne peux te donner mon accord. »

Si je sais entendre le désir qu'il y a derrière cette peur, je peux le dire : « Mon désir est que tu arrives entier et à l'heure à l'école. »

Ce qui peut permettre à l'autre soit de vous inviter à faire quelque chose pour votre peur – avant le prochain printemps ! – soit de vous remercier pour ce désir positif à son égard.

Le Magicien des Peurs

Il était une fois, une seule fois, dans un des pays de notre monde, un homme que tous appelaient le Magicien des Peurs.

Ce qu'il faut savoir, avant d'en dire plus, c'est que toutes les femmes, tous les hommes et tous les enfants de ce pays étaient habités par des peurs innombrables.

Peurs très anciennes, venues du fond de l'humanité, quand les hommes ne connaissaient pas encore le rire, l'abandon, la confiance et l'amour.

Peurs plus récentes, issues de l'enfance de chacun, quand l'incompréhensible de la réalité se heurte à l'innocence d'un regard, à l'étonnement d'une parole, à l'émerveillement d'un geste ou à l'épuisement d'un sourire.

Ce qui est sûr, c'est que chacun, dès qu'il entendait parler du Magicien des Peurs, n'hésitait pas à entreprendre un long voyage pour le rencontrer. Espérant ainsi pouvoir faire disparaître, supprimer les peurs qu'il ou elle portait dans son corps, dans sa tête.

Nul ne savait comment se déroulait la rencontre. Il y avait, chez ceux qui revenaient du voyage, beaucoup de pudeur à partager ce qu'ils avaient vécu. Ce qui est certain, c'est que le voyage du retour était toujours plus long que celui de l'aller.

Un jour, un enfant révéla le secret du Magicien des Peurs. Mais ce qu'il en dit parut si simple, si incroyablement simple, que personne ne le crut.

« Il est venu vers moi, raconta-t-il, m'a pris les deux mains dans les siennes et m'a chuchoté : "Derrière chaque peur il y a un désir. Il y a toujours un désir sous chaque peur, aussi petite ou aussi terrifiante soit-elle ! Il y a toujours un désir, sache-le."

» Il avait sa bouche tout près de mon oreille et il sentait le pain d'épice, confirma l'enfant, ce qui fit sourire quand même ceux qui l'écoutaient. Il m'a dit aussi : "Nous passons notre vie à cacher nos désirs, c'est pour cela qu'il y a tant de peurs dans le monde."

» **Mon travail, et mon seul secret, c'est de permettre à chacun d'oser retrouver, d'oser entendre et d'oser respecter le désir qu'il y a sous chacune de ses peurs."** »

L'enfant, en racontant tout cela, sentait bien que personne ne le croyait. **Et il se mit à douter à nouveau de ses propres désirs.**

Ce ne fut que bien des années plus tard qu'il retrouva la liberté de les entendre, de les accepter en lui.

Cependant, un jour un homme décida de mettre le Magicien des Peurs en difficulté.

Oui, il voulait le mettre en échec. Il fit le voyage, vint à lui avec une peur qu'il énonça ainsi :

« J'ai peur de mes désirs ! »

Le Magicien des Peurs lui demanda :

« Peux-tu me dire le désir le plus terrifiant qu'il y a en toi ?

– J'ai le désir de ne **jamais mourir!** murmura l'homme.

– En effet, c'est un désir terrible et fantastique que tu as là. (Après un temps de silence, le Magicien des Peurs suggéra :) Et quelle est la peur qu'il y a en toi, derrière ce désir ? Car derrière chaque désir il y a aussi une peur qui s'abrite, et parfois même plusieurs peurs. »

L'homme dit d'un seul trait :

« J'ai peur de ne pas avoir le temps de vivre toute ma vie !

– Et quel est le désir de cette peur ?

– Je voudrais vivre chaque instant de ma vie de la façon la plus intense, la plus vivante, la plus joyeuse, sans rien gaspiller !

– Voilà donc ton désir le plus redoutable, murmura le Magicien des Peurs, d'une voix très douce. Écoute-moi bien. Prends soin de ce désir, c'est un désir précieux, unique. Vivre chaque instant de sa vie, de la façon la plus intense, la plus vivante, la plus joyeuse... Sans rien en gaspiller ! C'est un très beau désir.
Si tu respectes ce désir, si tu lui fais une place réelle en toi, tu ne craindras plus de mourir. Va, tu peux rentrer chez toi... »

Mais vous qui me lisez, qui m'écoutez peut-être, vous allez tout de suite me dire: « Alors, chacun d'entre nous peut devenir un magicien des peurs ! »

Bien sûr, c'est possible. Si chacun s'emploie à découvrir le désir qu'il y a en lui, sous chacune de ses peurs ! Oui, chacun de nous peut oser découvrir, dire ou proposer ses désirs, à la seule condition d'accepter qu'ils ne soient pas comblés. Chacun doit apprendre la différence entre un désir et sa réalisation...

« Alors, tous les désirs ne peuvent se réaliser, même si on le désire ?

– Non, seulement certains. Et nul ne sait à l'avance lequel de ses désirs sera seulement entendu, lequel sera comblé, lequel sera rejeté, lequel sera agrandi jusqu'aux étoiles !

» C'est cela, le grand secret de la vie. D'être imprévisible, jamais asservie et, en même temps, immensément généreuse face aux désirs des humains. »

Des rumeurs disent que le Magicien des Peurs pourrait passer dans notre pays...

• J'apprends à dire mes peurs, sans les imposer à l'autre.

Nous sommes des êtres aux peurs innombrables, anciennes ou récentes, toujours présentes dans les replis cachés de nos doutes et de nos interrogations.

Oser dire mes peurs, cela ne veut pas dire les transmettre ou les faire prendre en charge par l'autre.
Le corollaire de cette attitude, c'est que j'apprends aussi à ne pas me laisser régir par les peurs de l'autre.

« Je ne peux pas dire à mes parents que je sors avec un homme divorcé, ça les inquiéterait tellement qu'ils pourraient tomber malades... »

Dans cette phrase nous pouvons entendre, outre la collusion entre les deux parents, la projection sur eux de son dilemme à elle.

Nous pouvons aussi apprendre très tôt à nos enfants que derrière une peur il y a toujours un désir.

ma mère, elle a une histoire compliquée, elle déteste sa mère et elle fait semblant de l'aimer !
moi, c'est mon père, il veut toujours avoir raison avec moi mais il demande toujours l'avis de ma mère !

La répression sur l'autre

Nous disons, nous faisons quelque chose pour l'autre. Nous agissons pour le protéger, pour lui éviter le pire... dans notre imaginaire.

« Tu n'es pas fou d'aller à Paris en avion, avec les risques d'attentat ! »
« Il ne faut pas lui dire qu'il a un cancer, il ne le supporterait pas et risquerait de se supprimer. »

Ainsi vont s'installer des relations fictives entre proches, où chacun laisse croire à l'autre qu'il ne sait pas.

Nous transmettons aussi trop souvent nos peurs à l'autre, qui s'en trouve ainsi... plus démuni.
Parfois nous bâtissons des clôtures autour de ceux pour lesquels nous craignons, et nous les enfermons de la sorte dans nos propres limites.

« Tu ne peux pas reprendre des études et retourner à la faculté, les enfants sont encore trop petits. »
« Fais attention aux vilains messieurs. Ne parle à personne dans la rue ! »

Je peux dire :

« Je suis inquiet de te voir renouer avec tes études, et, c'est vrai, j'ai peur de l'éloignement, j'ai peur de te perdre. Je voudrais te garder comme un petit enfant tout proche, c'est pour cela peut-être que j'avais envie de m'appuyer sur nos enfants pour te retenir davantage... »

TOUS LES DEUX DANS LE MÊME BAIN !
MAIS QU'EST-CE QUE VOUS FAITES ?

« Moi je sais qu'il existe des hommes, des adultes, qui ont des difficultés avec leur sexualité, et que parfois ils peuvent s'intéresser à des petites filles et leur proposer des attouchements, ou même essayer de leur montrer leur sexe... Je t'invite à être vigilante et à ne pas te laisser impressionner par leurs propositions ou leurs menaces. »

Ou encore, sur le même thème :

« Si tu vivais un jour quelque chose de difficile, je me sens capable de t'écouter et de voir ensemble ce qu'il faudrait en faire. »

Nous savons que plus de 80 pour cent des enfants ne disent pas à leurs parents ce qu'ils vivent dans ce domaine... de crainte de provoquer leur peur et une réaction violente !

En rendant l'autre responsable de ce que j'éprouve, je peux attendre qu'il fasse pour moi. En lui demandant par exemple de changer d'attitude, de comportement ou d'avoir des conduites qui me rassurent... je n'ai pas besoin de faire pour moi.

En misant sur le changement en l'autre... je fais l'économie de mon propre changement.

Là est aussi le grand enjeu de la culpabilisation. Si je rends l'autre responsable de ce qui passe en moi, je n'ai pas à me prendre en charge, je reste dans la victimisation accusatrice.

Lettre à une inconnue

Vous m'avez écrit, Madame, tout de suite après une conférence au cours de laquelle vous m'avez entendu dire: « La révolution relationnelle commence dans un couple quand l'un des deux dit à l'autre: "Tiens! il n'y a pas de moutarde ce soir" et que l'autre, au lieu de se précipiter pour aller chercher la fameuse moutarde, lui répond, sans bouger de place: "Oui, tu as vu qu'il n'y a pas de moutarde!" »

Vous m'avez écrit, Madame, pour me dire: « À cause de vous, j'ai reçu la première gifle de ma vie. Même mon père ne m'avait jamais giflée. J'ai quarante-deux ans et après dix-huit ans de mariage mon mari m'a giflée, hier au soir, à table. Ce n'était pas la moutarde, c'était le sel. Le sel de la vie qui manquait!

» À cause de vous, grâce à vous devrais-je dire, et grâce à cette gifle, j'ai enfin compris le système relationnel que j'avais ainsi développé au long des années, sans bien m'en rendre compte. Système à base de soumission implicite aux demandes de mon partenaire.

» Je découvre avec stupéfaction que pour lui cela ne fait aucun doute: je suis par définition à son service. Ma fidélité consiste à répondre: "Oui je suis là. Oui tu peux compter sur moi."

» Aujourd'hui je m'éveille. Bien sûr, c'est la crise aiguë pour l'instant. Mais j'ai envie de poursuivre avec cet homme, mon mari. »

Vous avez ajouté pudiquement: «Je l'aime», et je vous invite, Madame, à vous respecter dans cette relation. Il n'y a pas d'autre moyen de maintenir une relation vivante que celui de garder son propre respect pour soi et pour l'autre.

Merci de votre témoignage et même si vous me confiez qu'une gifle ce n'est pas cher payé pour votre prise de conscience, je ressens cette gifle comme injuste.

Sur le deuxième versant de ma vie, je m'interroge sans cesse sur le juste et la justice dans les rapports humains. Sur le juste et le pas juste de telle ou telle action, de tel ou tel comportement ou engagement. Ce qui me guide encore et toujours, c'est d'être fidèle à soi dans le respect de l'autre.

Parfois cela débouche sur une confrontation, quelquefois sur un conflit.

Merci de votre témoignage et de votre enthousiasme pour la vie.

J.S.

• Je propose mes convictions. J'ai des croyances, des valeurs qui me sont propres, je souhaite les faire entendre, les partager.

Mais l'autre n'est pas moi.

Et, bien sûr, je voudrais transmettre mes croyances, mes certitudes, mes convictions, et il m'arrive parfois de vouloir... les imposer, sans le vouloir, en le voulant...

« Tu dois apprendre à manger de tout, on ne sait pas ce qui peut arriver ! »

Une mère à son fils :

« Quand on est ensemble c'est pour être bien. Quand on est en famille on doit s'entendre... Ça ne sert à rien de se disputer, sinon à se rendre malheureux ! »

Il est difficile de renoncer à convaincre de la justesse de notre point de vue... Et surtout de renoncer à certaines de nos mythologies (ensemble des croyances) que nous avons sur l'amour, la vie, la mort, la santé, l'argent.

TU VIENS FAIRE LES COURSES AVEC MOI ?
EUH, OUI... SI TU VEUX.
MAINTENANT JE SOUHAITE CONTINUER MA LECTURE, JE TE PROPOSE D'Y ALLER SEUL UN PEU PLUS TARD...
CE LIVRE EST PASSIONNANT!

Nous soutenons à une amie, à un parent:

«Tu devrais quand même comprendre que tu ne peux pas rester comme cela sans être marié, avec un enfant, en plus»,
au lieu de dire:
«C'est vrai que je souhaiterais vous voir mariés ensemble, je crois cette démarche importante pour l'enfant à venir...»

Une autre fois, persuadés de notre bon sens, convaincus du bien-fondé de notre point de vue, nous osons le pire: «J'ai raison d'affirmer cela, tu sais que c'est vrai, même si tu soutiens le contraire»,
au lieu de dire:
«Je n'ai pas le même point de vue que toi. J'ai une conviction profonde sur cette question, totalement différente de la tienne.»

Et pour nous rassurer, nous n'hésitons pas à affirmer, en désespoir de cause: «Tu sais au fond de toi que j'ai raison de t'imposer ces études, tu me remercieras plus tard»,
au lieu d'exprimer au plus près de notre ressenti, de nos sentiments réels:
«Je suis vraiment démuni si tu persistes dans ton idée d'arrêter tes études. C'est vrai que j'ai le désir que tu les poursuives!»

papa, le père de Jeannot 'il a dit qu'il le tuerait s'il touchait à la drogue !
IL A BIEN RAISON, TOI, TA MÈRE, ELLE TE LAISSE TOUT FAIRE !

Beaucoup de formulations dynamisantes sont possibles chaque fois que nous introduisons une confirmation de la position de l'autre et une affirmation de notre point de vue :

« J'entends ce que tu affirmes. Non, je n'ai décidément pas le même point de vue que toi. Voici le mien... »

« C'est vrai, je tiens à ce que tu fasses ce voyage en Angleterre, pour perfectionner ton anglais. C'est important pour moi et j'imagine que cela peut l'être pour toi... »

QUELLE MALADROITE ! TU SERAS PRIVÉE DE GOÛTER !
LA TASSE A GLISSÉ ..? VIENS ! NOUS ALLONS PRÉPARER UN AUTRE CHOCOLAT.

• Je peux me définir en affirmant ma différence. Après avoir confirmé le point de vue de l'autre... je le remets chez l'autre. Je peux ensuite affirmer le mien et constater nos points de convergence, de divergence, voire de séparation.

En rentrant de l'école, cette jeune lycéenne annonça à sa mère :

« J'ai eu 11 à mon devoir de philo. »

La mère, qui n'avait jamais eu moins de 15 à ses devoirs, avait déjà la langue levée pour répondre : « Eh bien, tu ne t'es pas foulée... »,
mais, comme elle venait de lire *Si je m'écoutais, je m'entendrais*[1], elle refoula sa remarque et dit plus simplement :

« Elle représente quoi, cette note pour toi ? »

Sa fille lui répondit :

« Je suis drôlement contente, je suis la deuxième de la classe avec cette note ! »

Ainsi faut-il prendre le temps de se relier à la personne... quand on veut communiquer !

1. J. Salomé et Sylvie Galland : *Si je m'écoutais, je m'entendrais*, Éditions de l'Homme.

Si l'autre me dit :

« Je ne comprends pas à quoi te servent toutes ces lectures, tous ces cours, et ces stages en plus. C'est du temps perdu. »

Formulation possible :

Pour une confirmation de l'autre et un positionnement personnel ouvrant au dialogue :

« Oui, pour l'instant ma démarche est incompréhensible pour toi. Tu as vraiment le sentiment que c'est du temps perdu.

» J'ai tenté plusieurs fois de te proposer mes lectures, de te dire combien j'avais apprécié ces cours, ce que j'avais découvert avec ces stages. Accepterais-tu de me dire ce que tout cela dérange, irrite en toi ? Accepterais-tu de me parler de toi plutôt que de disqualifier mes démarches ? »

Offrir

Il ne suffit pas d'engranger les récoltes du savoir, du savoir-faire, ni de vendanger les fruits du savoir-être et du savoir-devenir, encore faut-il accepter de les offrir pour s'agrandir ensemble.

DIS-LUI DONC DE FAIRE MOINS DE BRUIT !
BAM
BAM
BOUM
BOUM
BADA
BAM
BAM
BOUM

4. Partager

Proposer une mise en mots sur ce que j'ai vu, vécu, plutôt qu'une mise en cause de la personne ou des événements donne une plus grande ouverture à la relation.

Cela facilite l'affirmation de soi et celle de l'autre. Chacun des protagonistes reste entier dans ce qu'il est.

Cela permet surtout de sortir de l'**o**pposition pour entrer dans l'**a**pposition, de créer la confrontation plutôt que la soumission ou l'affrontement.

Quand quelqu'un veut me parler, c'est qu'il est demandeur. Demandeur de la plus belle des demandes : une écoute.

Sur une plage, durant les vacances, un enfant s'avance vers une adulte qu'il ne connaît pas et lui montre une pierre cassée en disant : « Il m'a cassé la pierre », tout en désignant un autre petit garçon qui joue plus loin. L'adulte répond : « Alors ce doit être lui le méchant et toi tu dois donc être le bon ! »
Un immense sourire illumine le visage de l'enfant qui, lâchant sa pierre cassée, vient se blottir spontanément contre le corps de l'adulte, avec un abandon infini, les yeux perdus dans un songe heureux.

Il faut le savoir, la demande la plus répandue au monde est celle d'une écoute, pas celle d'une réponse.

maman j'veux plus aller à l'école, j'm'ennuie
MAIS MON CHÉRI C'EST IMPORTANT L'ÉCOLE !

• Je peux me centrer sur la personne plutôt que sur le problème.

Trop souvent nous restons focalisés sur le problème présenté ou sur la question qui est avancée.

« Maman, je ne veux plus aller à l'école, je m'ennuie...

– Mais écoute, mon chéri, c'est important l'école, tu dois passer dans l'autre classe à la fin de l'année. »

Ici, l'adulte se centre sur l'école (en fait sur ce qui l'inquiète), et non sur le vécu de l'enfant. N'oublions pas, pour communiquer le sujet :

« *Je* m'ennuie », cet enfant a quelque chose à dire, d'important, d'essentiel. Il veut être entendu dans cette dimension-là, dans ce qu'il vit. Autrement dit, le problème n'est pas l'école, c'est sa difficulté à lui de vivre l'école, d'affronter telle ou telle situation en classe ou en récréation.

Nous savons que l'essentiel de la vie scolaire d'un enfant se passe dans la cour de récréation.

La règle la plus importante à se rappeler : **c'est celui qui parle... qui a quelque chose à dire**. Quel que soit le support qu'il utilise pour se dire.

j'veux pas dormir
toute seule, le loup
i'va venir me manger
NE FAIS PAS L'ENFANT!
IL N'Y A PLUS DE LOUPS
DANS LES VILLES AUJOURD'HUI.

• Quand je reste centré sur le problème...
je risque de ne pas entendre l'enjeu vital de l'échange.

Un enfant au retour de l'école dit à sa mère :
« Tu sais, maman, Roland m'a traité de sale Juif.
– Attends, répond la mère, je vais aller lui dire deux mots à ce Roland, pour lui apprendre ce que c'est d'être antisémite.
– C'est quoi, maman, antisémite ?
– Ce sont des gens comme Roland qui n'aiment pas les Juifs. Heureusement que nous ne sommes pas Juifs... »

Ou encore :
« La maîtresse elle a dit : "Si vos parents vous surveillaient mieux, vous seriez moins fatigués le matin..."
– De quoi elle se mêle, celle-là ! Je voudrais la voir avec cinq enfants à élever presque toute seule. Car votre père, il faut rien lui demander, hein ! »

Dans ces différentes situations il y a déviation de la véritable interrogation sur un parasitage inutile, qui confirmera ainsi l'incommunication. Dans le sens où rien n'a été réellement partagé, mis en commun, pour faire ensemble quelque chose de plus.

Chacun est muré dans sa tentative de dire quelque chose qui restera inaccessible à l'autre.

OUI, J'ENTENDS QUE ÇA A ÉTÉ DIFFICILE À VIVRE, ET QUE TU AS ÉTÉ TRÈS EFFRAYÉE
Ooo...

• Quand je suis centré sur la personne...
je m'intéresse plutôt à son vécu, à la façon dont cette personne vit son problème ou sa difficulté.

La réponse de la mère aurait pu être :
« Oui, Roland t'a traité de sale Juif, et comment l'as-tu ressenti ? Qu'est ce qui s'est passé en toi ? »

« C'est vrai, maman, qu'on va chez grand-père dimanche prochain ?
– Mais bien sûr, nous en avons encore parlé à midi, arrête de répéter toujours la même chose... »

Peut-être cet enfant voudrait-il dire :
« Ma copine Noémie fête son anniversaire dimanche et elle m'a invité. J'aimerais bien y aller, mais je ne voudrais pas faire de la peine à grand-père que j'aime aussi et qui m'aime beaucoup ! »

En matière de communication, le vécu est plus important que la réalité. Le vécu, c'est ce qui est touché, qui vibre, qui résonne en nous à l'impact d'un mot, d'un événement. Souvent nous le cachons, le nions ou le minimisons. Comme pour ne pas donner prise à l'autre, sur notre vulnérabilité, sur notre sensibilité.

Notre habileté (et notre piège le plus fréquent) est de parler sur un tiers écran... ce qui permet de ne pas parler de soi directement.

ON VA RÉPARER ÇA,
TON PÈRE, ON PEUT RIEN LUI DEMANDER...
IL NE SAIT MÊME PAS PLANTER UN CLOU !

L'augmentation de la communication indirecte[1] dans certaines relations est en proportion directe avec la difficulté à oser se dire.

Si dans nos échanges nous acceptons de défendre et de proposer des relations directes, cela nous fait dans de nombreux cas passer de la **connaissance** (avoir des savoirs sur l'autre) à la **co-naissance** (naître avec), ce qui permet d'entendre et d'accéder à la personne, et non de rester coincé dans le personnage, le rôle ou la fonction.

Quand je dis: « Je suis le père de cinq enfants » je suis dans l'ordre du savoir, de la connaissance. Vous apprenez que j'ai cinq enfants.

Mais si, dans un échange, je peux dire comment je me vis, comme père de Nathalie, de Marine, d'Éric, de Bruno ou de Clara, je suis dans l'ordre du vécu, celui de la co-naissance.

1. La communication indirecte est une des pathologies relationnelles les plus répandues dans les institutions ou les entreprises. Quand elle débouche sur des rumeurs, la pathologie institutionnelle est à son maximum.

PAPA, MAMAN
JE VOUDRAIS PASSER
LE PERMIS MOTO !
AH ! NON, VU LES RÉSULTATS QUE TU AS. EN CLASSE ! PASSE TON BAC, ON VERRA APRÈS !
QU'EST-CE QUE TU ES PRÊT À FAIRE POUR TON DÉSIR DE PERMIS ?
TU VEUX ME FAIRE MOURIR D'INQUIETUDE ! DÉJÀ QUE JE NE DORS PAS À CAUSE DES SOUCIS QUE JE ME FAIS POUR TOI !
JE NE PENSAIS PAS QU'IL GRANDIRAIT SI VITE

• J'ose dire, je m'autorise à faire des demandes.

La plupart d'entre nous ne savons pas demander avec simplicité, c'est-à-dire faire des demandes directes :

• *Sans passer par l'accusation* (« Tu ne penses jamais à me demander ce qui me fait plaisir ! »).

• *Sans passer par la culpabilisation* (Tu aurais pu penser à me téléphoner, sachant que j'étais malade ! »).

• *Sans introduire une plainte* (« Tu savais que j'étais seul. Ce n'était pas difficile de m'appeler »).

Il faut savoir ne jamais aliéner une demande en fonction de la réponse possible de l'autre...

« Avec son emploi du temps, je ne vais tout de même pas lui demander de venir à Venise avec moi... »

Si la demande est chez moi... la réponse sera chez l'autre.
Et ma réaction à la réponse de l'autre m'appartient.

Le désordre
TU POURRAIS QUAND MÊME RANGER TES AFFAIRES J'EN AI ASSEZ D'ÊTRE LA BONNE DE TOUT LE MONDE DANS CETTE MAISON !
20 ANS PLUS TARD...
TU POURRAIS RANGER TES AFFAIRES QUAND MÊME... J'EN AI ASSEZ !
10 ANS APRÈS...
VOUS POURRIEZ QUAND MÊME RANGER VOS AFFAIRES... J'EN AI ASSEZ !

Dans l'échange suivant: « J'ai très envie de faire un voyage avec toi pendant les vacances de Noël »,
si elle me répond:
« Je préférerais que nous restions à la maison »,

la suite est de mon entière responsabilité.

Que je dise : « D'accord, cela me convient... », ou que je manifeste de la colère, de la bouderie, du ressentiment ou une accusation, c'est à moi de me responsabiliser dans ce ressenti ; je le produis, il m'est propre.

Personne d'autre que moi ne sécrète les sensations, les sentiments qui m'habitent, c'est donc à moi d'en assumer le retentissement.

BON, TU TE LÈVES, TU AÈRES TA CHAMBRE, TU FAIS TON LIT, TU N'OUBLIES PAS DE TE LAVER LES DENTS ET DE CHANGER DE SLIP, NE TRAÎNE PAS TROP POUR DÉJEUNER, ET PUIS RÉVISE TES LEÇONS... OH! ET PUIS DESCENDS LA POUBELLE EN PARTANT
et dire que les parents appellent ça "s'occuper de leurs enfants ... ils demandent beaucoup mais ne donnent rien !

Sortir de la répression imaginaire

Il y a trop souvent, chez beaucoup d'enfants et d'ex-enfants, une anticipation négative qui fait que, pressentant une réponse défavorable, nous annulons notre demande, nous refoulons notre désir ou taisons notre besoin.

« Je n'ai jamais pu dire à mon père que je l'aimais, car je craignais qu'il ne me dise : "Ça va pas, t'es malade !" »

« Je croyais ma mère tellement sensible que lui annoncer mon licenciement aurait été lui porter un coup fatal. Alors je lui laisse croire que j'ai toujours mon emploi... »

« Si je lui dis que je le trouve beau, il va croire que je cherche une aventure avec lui ! »

Il nous faudra prendre le risque de rencontrer l'autre pour ce qu'il est et non pour ce que nous croyons qu'il est.

Nous risquons de développer de l'autoprivation en accusant par exemple autrui de ne pas nous aimer, de ne pas nous entendre, de ne pas nous comprendre ou de toujours refuser !

papa, c'est vrai que tu faisais toujours des bêtises quand t'étais petit ?
il me dit jamais rien quand je fais des bêtises, je me demande si c'est mon vrai papa...
OUI, MAIS MON PÈRE A MOI, IL ME DONNAIT UNE RACLÉE CHAQUE FOIS !

Nous en arrivons parfois à des injonctions paradoxales :

« N'écoute jamais les conseils que l'on te donne ! »

« C'est pas encore ce soir qu'on va faire l'amour, excité comme tu es ! »

En prenant le risque d'une invitation à s'exprimer, en osant une demande directe ou un témoignage, je deviens plus auteur de ma vie. Je reste stimulant, pour l'autre et pour moi. Quand je prends le risque de me dire, de proposer ou d'inviter, je prends aussi celui d'être entendu.

PREMIÈREMENT J'ÉMETS UN MESSAGE !
JE TROUVE QUE VOUS AVEZ L'AIR IDIOT !
DEUXIÈMEMENT JE M'ASSURE QU'IL A COMPRIS !
C'EST LE FEED-BACK
PAF! PAF!
IL M'A ENTENDU...

• Oser me définir encore.

Je reste entier quand je sais refuser ce qui n'est pas bon pour moi. Je garde ma cohérence en sachant accepter et recevoir ce qu'il est possible d'accueillir sans me trahir.

Chaque fois que je peux passer de la demande à la proposition ou à l'invitation, je crée les conditions d'une relation créatrice.

Si je fais une proposition et une invitation :

« Je souhaite passer un week-end à la campagne et je t'invite »
ou bien :
« J'ai envie de sortir ce soir et j'aimerais être avec toi... »

il se peut que l'autre accepte, il se peut qu'il refuse.

Mais quoi qu'il en soit, sa réponse est liée à ce qu'il *est lui*... et pas nécessairement à ce que **je suis.**
Notre propre égocentrisme nous entretient à rapporter les comportements de l'autre... à nous-même :

« S'il a fait ça, s'il a dit ceci, c'est à cause de moi, c'est pour moi. S'il n'a pas fait ceci ou cela, c'est aussi à cause de moi... »

MOI, MES PARENTS ILS SE DISPUTENT TOUJOURS Ā CAUSE DE MOI !
MOI, LES MIENS ILS SE SONT SÉPARÉS A CAUSE DE MOI.
MON PÈRE M'A DIT QUE J'ÉTAIS EN TROP ET QU'IL N'Y AVAIT PAS DE PLACE POUR LUI...
MOI, LES MIENS, ILS RESTENT ENSEMBLE A CAUSE DE MOI !
LES MIENS, ILS NE SE DISPUTENT PAS, ILS NE SE PARLENT PAS.
ILS NE ME DISENT JAMAIS RIEN...

• Oser reconnaître la polyvalence de nos sentiments.

Nos sentiments comme nos désirs sont mélangés et contradictoires. Ils se combattent parfois et il est difficile de les accorder, tant l'intensité de leur contradiction nous gêne ou nous effraie.

« Tu es trop petite pour porter des collants, ça fait mauvais genre », dira ce père à sa fille, alors qu'il vient d'offrir des collants résille à sa femme.

Les enfants ont parfois plus de liberté pour dire leur ambivalence... ou leur sentiment réel :

« Tu es vieux, grand-père, alors tu vas peut-être mourir ! »

« Tu dois être fâché contre moi parce que je n'ai que 7 ans et toi 77... »

Nous les adultes, gardons plus de réticences à reconnaître nos sentiments... ambivalents.
Nous nous voulons intransigeants sur la qualité de nos sentiments et sur ceux d'autrui :

« Si tu es d'accord avec moi, tu ne peux pas me refuser cela. »

ce que je ne supporte pas c'est quand ma mère se croit obligée d'être ma mère 24 heures sur 24...
tu as de la chance, moi elle oublie d'être ma mère, elle se croit obligée d'être la bonne de mon père !

Nous voulons que nos enfants grandissent... et nous les aidons trop souvent à rester petits. Il est difficile pour beaucoup de parents de passer d'une relation de soins à une relation d'échanges.

L'origine de nombreux conflits avec les adolescents réside dans la difficulté des adultes à doser soins, échanges et distanciation nécessaires.

ils sont compliqués les parents
à toujours montrer autre chose
que ce qu'ils sentent réellement...
Ouais, ils se croient
obligés d'être des parents !

5. Différencier

• J'ose le OUI et le NON d'affirmation.

Quand nous disons oui, se demander à qui, à quoi nous disons ce oui!
À l'autre ou à soi-même?
À une peur, à une image idéalisée ou dévalorisée de soi-même, à un refus de faire de la peine... par un non?

Il y a des **OUI** qui disent: « Je suis en accord total avec moi-même dans ce OUI. C'est un OUI plein et entier. Un OUI qui m'engage, qui correspond à mon désir, à mon attente. Je peux donc te le donner. »

Si mon amie me dit: « J'ai envie de t'emmener en Irlande avec moi, es-tu d'accord? »,
si j'ai le double désir d'aller en Irlande et avec elle, je peux lui répondre:
« Oh oui, j'accepte avec un vif plaisir ton invitation. »

Mais il y a des OUI qui disent NON à l'intérieur, des OUI divisés, partagés entre plusieurs désirs, ou entre des désirs et des peurs!

Il y a des OUI dont la sincérité est liée à l'instant présent... et qui s'évaporent dès l'instant passé. Cela surprend toujours, et nous avons tendance à traiter l'autre de mauvaise foi.

Mais celui qui dit OUI est souvent sincère à l'instant de ce oui.

« Tu viens faire les courses avec moi ? » me demande ma femme. Alors que tout mon être se sent bien installé au creux de mon fauteuil et dit : « Non je n'ai pas envie de bouger », j'entends ma voix répondre : « Oui, si tu veux... »

Les « si tu veux » sont rarement des OUI entiers, ils ne traduisent pas un engagement réel.

Ce sont souvent des OUI qui se moulent sur le désir de l'autre. Des oui qui s'adaptent, qui veulent faire plaisir... ou qui ne se sentent pas libres de s'exprimer autrement.

Oser dire NON par affirmation, plutôt que par refus ou opposition à l'interlocuteur, permet à chacun des protagonistes de se confronter, de se découvrir et donc de grandir dans une relation.

BONSOIR !
OH ! CE N'EST PAS CE SOIR QU'ON SE FERA DES CÂLINS...

• Oser différencier sentiments et qualité de la relation.

La collusion entre sentiments et relation reste fréquente dans la plupart des familles tant au niveau des adultes que des enfants. Cet amalgame se retrouve plus tard dans la majorité des relations proches.

Nous laissons croire à un enfant, à un partenaire ou à un conjoint qu'il sera plus aimé, mieux aimé s'il... entre dans notre demande, s'il réalise nos désirs, s'il se soumet à nos attentes !

« Si tu ranges bien ta chambre, papa va être très content en rentrant et il t'aimera beaucoup ! »

Et nous croyons aussi que nos enfants nous aimeront mieux si nous entrons dans leurs désirs :

« Maman, tu ne le diras pas à papa, hein !
– Bon d'accord, je ne le dirai pas. »

Et plus tard, la mère parlera à son mari de la bêtise et elle ajoutera :

« Mais ne lui dis pas que je t'ai dit, je veux qu'il ait confiance en moi, sinon il ne me parlera plus... »

PIPI AU LIT ?
A TON ÂGE !
UN GRAND GARÇON NE PLEURE PAS !
j'ai trop de chagrin depuis que mes parents ont déménagé : je vois plus mes copains.

Devenus adultes, nous croyons aussi que le conjoint nous aimera mieux si nous acceptons de répondre à sa demande, si nous entrons dans son désir :

« Nous serions beaucoup plus heureux si tu ne continuais pas ce travail à l'extérieur. Tous ces déplacements, tu ne crois pas que c'est mauvais pour nous ? je n'ai plus le temps de t'aimer... »

Un malentendu énorme pèse sur la façon dont nous gérons nos sentiments. Nous voulons les utiliser comme... un levier pour bouger l'immense, la pesante inertie relationnelle des relations familiales trop figées.

mon père, il dit toujours que personne l'aime...
le mien, il voit même pas que je l'aime...

• L'alibi de l'amour...

Ne pas se servir de l'amour ou des sentiments positifs comme d'un alibi dans les relations difficiles...

Nous les adultes, les parents, nous croyons trop facilement qu'il est possible d'évacuer la plupart des problèmes relationnels ou d'annuler les difficultés de communication en disant :

« Tu sais que je t'aime beaucoup. »
« Heureusement que je t'aime, sans ça je ne supporterais pas la moitié de ce que tu me fais vivre ! »

Les sentiments deviennent trop souvent l'alibi des malentendus et des insuffisances de la communication. Il ne suffit pas de dire « je t'aime » pour tout comprendre, tout arranger.
Une relation insatisfaisante devient frustrante et s'altère quels que soient les sentiments qui circulent.
D'ailleurs ces sentiments, à leur tour, vont se trouver malmenés et vont diminuer le seuil de tolérance et la fluidité de l'écoute.

ma mère s'énerve pour tout, elle fait des colères monstres et puis après elle me dit "mais tu sais je t'aime bien" mais je préfèrerais qu'elle fasse ses colères ailleurs.
la mienne, elle ne se met jamais en colère. Elle pince les lèvres, elle ferme tout son corps, mais moi j'ai bien compris qu'elle râle à l'intérieur et ça me paralyse...

Les enfants comme les adultes sont habiles à utiliser les sentiments pour orienter les échanges dans le sens de leurs attentes :

« Tu me dis que tu m'aimes, mais si tu m'aimais vraiment tu me laisserais regarder le film avec toi... »

« Si tu m'aimais vraiment, tu n'irais pas chaque dimanche à la pêche avec ton copain Louis... »

Ne pas oublier que les enfants, comme la plupart des adultes, souhaitent avant tout une relation claire où chacun puisse se définir :

« Que je sache où tu es, que je sache où je suis.
» Que tu saches où je suis, que tu saches toi où tu es... par rapport à moi. »

TOI, TU LUI DONNES TOUJOURS RAISON ! IL POURRAIT ME FRAPPER, TU LE SOUTIENDRAIS ENCORE !
MAIS NON, C'EST TOI QUI VEUX AVOIR TOUJOURS RAISON ! ALORS ÇA M'ÉNERVE ! J'AI ENVIE QU'IL SACHE SE DÉFENDRE PLUS TARD...

Imaginons ce dialogue père-fils :

« Es-tu sorti en ville, hier au soir après notre départ au cinéma ?

– Non

– Menteur ! Nous t'avons vu et tu soutiens le contraire !

– C'est toi le premier menteur, papa, quand tu m'interroges en faisant semblant de ne pas savoir ! Si tu m'as vu en ville, dis-moi plus simplement : "Je t'ai vu et j'étais surpris ou en colère car je te croyais au lit bien tranquille." Parlons ensemble papa, de toi et de moi. »

mon papa, il est terrible, au travail tout le monde le craint. Mais à la maison, il a peur de tout le monde...
le mien, il dit jamais rien. Un jour il m'a dit "tu verras quand tu seras grand"... mais il a pas dit la suite !

• Oser un NON qui dise :

« Je peux m'affirmer dans une position nette. Je peux me définir dans une facette de moi-même qui ne corresponde pas aux attentes de l'autre. Avec un refus clair, je ne me laisse pas enfermer dans quelque chose qui n'est pas bon pour moi. »

Un NON qui me rende auteur, qui me confirme, qui me permette de me définir, qui me situe.

Je peux retrouver et garder une parole qui me permette de me respecter et de me sentir respecté.

Cette personne, croyant me faire plaisir, prend une décision à ma place et me dit :

« Voilà, je t'ai pris une place pour le concert de samedi, je viendrai te chercher à huit heures. Ça te fait plaisir ?
– Non cela ne me fait pas plaisir, j'ai autre chose de prévu pour ce samedi. Je n'irai pas au concert avec toi. Je te remercie de ta démarche mais elle ne correspond pas à ce que je désire ou projette. »

Combien de partenaires, de parents engagent ainsi l'autre avec eux, au nom d'un nous familial, au nom d'un accord implicite... qui n'est pas remis en cause ou réactualisé.

La mythologie du « faire ensemble », du « être bien ensemble » et du « il faut être heureux ensemble » reste vivace et entraîne des violences sur les relations proches.

À certaines périodes de notre vie, nous avons besoin d'espace, de distanciation dans les relations proches et essentielles.

Nous avons besoin de plus nous différencier... pour mieux rencontrer l'autre :

« Aller plus près avec quelqu'un c'est souvent aller plus loin... », disait ma grand-mère.

TU ES INSUPPORTABLE, TU N'ÉCOUTES JAMAIS CE QUE JE NE DIS PAS !

6. Ouvrir, s'ouvrir

• Sortir de l'implicite pour un peu plus d'explicite donne plus de transparence aux relations proches.

Dans beaucoup de relations de longue durée, nous croyons que l'autre nous comprend sans formulation de nos attentes. Nous croyons que la complicité vécue, la confiance acquise suffisent à une compréhension spontanée :

« Il doit bien comprendre que c'est cela que j'attends de lui, il me connaît si bien »,
ou encore :
« Elle devrait savoir que je fais toujours comme ça, elle me l'a vu faire cent fois ! »

« D'ailleurs s'il m'aimait vraiment, il aurait deviné mon vrai désir... »

Cette attente implicite focalisée sur un rôle ancien, sur une fonction exercée en référence à tout un passé commun, va déboucher sur d'innombrables frustrations, incompréhensions et ressentiments, parce qu'elle ne s'actualise plus avec la personne réelle.

Tel directeur aura l'impression que son collaborateur est de mauvaise foi en ne faisant pas... comme il aurait fait lui !

TU NE COMPRENDS PAS,
TU N'ENTENDS JAMAIS LES DEMANDES QUE JE NE TE FAIS PAS.
TU ES VRAIMENT SOURD !

Avoir des relations en santé, ce sera ne plus laisser l'implicite régner sur des situation de vie quotidienne, qui justement parce qu'elles se répètent vont s'enkyster ou se rouiller dans des schémas erronés:

«J'ai invité des amis ce soir (sous-entendu: "Tu prévois un repas plus relevé"), nous dînerons plus tard que d'habitude... !»

«Nous pensons, ta mère et moi, que ce n'est pas souhaitable de continuer à fréquenter ce garçon...» (Sous-entendu: «Tu ne peux pas faire de peine à ta mère, tu dois savoir combien c'est difficile pour moi de supporter sa déprime.»)

«Nous avons décidé de t'inscrire en latin, c'est bon pour ta future profession...» (Sous-entendu: «Tu sais que je veux que tu deviennes avocat comme moi... et le latin est indispensable dans cette profession!»)

Tel chef de service s'écriait à la cantonade:
« C'est incroyable, il devrait quand même comprendre que je ne peux faire autrement, que je suis coincé, que je ne peux demander cette surcharge qu'à lui... »

Dans les relations intimes, il y a beaucoup de souffrances non dites car tout se passe comme si les choses allaient de soi. À l'attente implicite devrait correspondre une réponse évidente !
Avec l'espoir souvent déçu, mais jamais découragé, que l'autre « comprendra enfin un jour ce que j'attends de lui depuis si longtemps ».

Les évidences féminines et les évidences masculines ne sont jamais les mêmes !

Au-delà des problèmes de communication, il y a souvent tout un ensemble d'enjeux latents qui touchent au contrôle de la relation. Aux positions prises, imposées, subies ou recherchées de dominant-dominé.

Qui influence qui ?
Qui se soumet en attendant l'improbable ?
Et, surtout, qui veut garder le contrôle de la relation ? Qui ne supporte pas la réciprocité, la mutualité ou le jeu alternatif des inter-influences ?

Même explicitées, certaines tentatives d'échanges vont développer un sentiment d'incommunication chez celui qu'elles maintiennent en dépendance. Il y a, au fil des ans, un contrôle implicite de l'un sur l'autre qui s'est installé. L'ingrédient *respect* est absent, la tolérance indispensable à la viabilité d'une relation défaillante.

Une communication saine doit laisser de la place à la liberté de l'autre.

moi, ma mère elle me croit toujours trop petite pour comprendre certaines choses qu'elle a vécues... mais que je sais !
moi, la mienne, elle me demande toujours d'être grande pour faire mieux qu'elle !

Au-delà des oui directement ou indirectement exprimés, il y a aussi des non qui disent oui au-dedans.

« Tu ne veux plus de ce gâteau? dit la mère à sa petite fille en enlevant le plat et en le rangeant dans le frigidaire.

– Non », répond la petite fille, alors que dans ses yeux brille le oui du désir d'un deuxième morceau.

« Je ne comprends pas les grandes personnes, s'étonnait cette petite fille. Elles se disputent pour être gentilles, en disant toujours: "Mais non, toi d'abord..." À moi, elles disent toujours: "Tu seras servie après!" »

Conclusion en guide d'espoir

Inventer la communication comme une fête possible Ré-inventer le partage comme un plaisir

TU VAS RANGER
CE DÉSORDRE !

Il y aurait à découvrir et à formuler bien d'autres règles pour cette grammaire relationnelle.

Par exemple, décrire les modes relationnels :

- l'impératif... et son usage abusif !

- le subjonctif... délicat à introduire !

- le conditionnel... et son usage trop timide !

- l'indicatif... pas assez relatif !

Et comme nous sommes tantôt propositions principales et tantôt propositions subordonnées ou relatives, comme on disait autrefois..., n'oublions pas d'être proposition relative aux tentatives de dire, d'entendre, d'être entendu... de l'intérieur avec le meilleur de l'autre.

Avec l'espérance en chacun de parvenir au statut de proposition indépendante.

Une indépendance qui ne peut être qu'interdépendance. Car la relation mutuelle est le terreau dans lequel nous, humains, grandissons.

Ici la grammaire redevient jardin.

la maman tendre qui est en ma mère
la femme de mon père
la ménagère qui n'arrête pas
la petite fille qui est en maman
la mère qui est en maman
la professionnelle qui n'a pas fini
Chaque fois que je rentre de l'école,
je ne sais pas qui je vais trouver à la maison.
Je ne sais jamais où j'en suis !

le papa disponible dans mon père
le mari de ma mère
le bricoleur impénitent dans mon père
le petit garçon qui est en papa
le père accusateur dans mon papa
l'employé modèle qui apporte son entreprise à la maison
et moi non plus
je ne sais jamais qui est devant moi !
C'est pas facile ...

Communiquer suppose aussi des silences, non pour se taire mais pour laisser un espace à la rencontre des mots.

Toute communication suppose l'alternance d'une expression et d'une écoute, sinon elle se piège dans le verbiage et le confusionnel.

Il y a une foultitude de points qui seraient à redécouvrir, à étoffer, à baliser autrement que dans les pratiques habituelles, si nous voulions assainir nos relations et croître dans la rencontre avec l'autre.

Toute une recherche serait à conduire sur les outils relationnels, sur des moyens concrets permettant surtout la transmission des découvertes.

L'écharpe relationnelle présentée plus haut traduit le lien, symbolise bien le conduit par lequel vont passer les messages de l'un à l'autre. Elle est à ce titre un excellent outil pédagogique qui interpelle beaucoup les enfants... et les adultes.

■

Il y avait autrefois l'instruction religieuse et morale, il y a eu l'instruction civique (tombée en désuétude, puis mollement rétablie).

bonjour

Nous pourrions nous mettre à la tâche de prolonger et d'enseigner cette nouvelle matière scolaire:

ÉCOLOGIE DES RELATIONS HUMAINES

Pour le développement de communications vivantes et de relations en santé.

papa, c'est un tendre
mais il ne le sait pas !
moi c'est grand'père
que je préfère...

Tant de choses restent à inventer en matière de communication. Nous savons plus de choses sur... la lune que sur les façons d'établir des échanges vivants.

Il ne suffit pas de dénoncer les insuffisances, de rester dans la plainte ou le regret, de s'enfermer dans le silence ou le refus. Il ne s'agit pas non plus de rêver à un changement universel. Il suffit à chacun de commencer, quel que soit l'endroit où il est, dans le domaine personnel ou professionnel, à prendre en charge l'introduction de quelques moyens concrets pour apprendre à mieux communiquer.

Adultes et enfants, nous pouvons ainsi créer ensemble les jalons d'une méthodologie possible pour cette matière fabuleuse :

NOUVELLE GRAMMAIRE POUR UNE COMMUNICATION VIVANTE.

Mon utopie la plus vitalisante est dans la conviction profonde qu'un jour cette grammaire sera enseignée à l'école publique, à l'école libre, ou encore à l'école de la vie.

Il appartient à chacun, quels que soient sa place, son rôle, son statut dans la société..., de commencer à pratiquer.

Bon chemin à vous.

DU MÊME AUTEUR

Aux éditions Albin Michel :

Papa, Maman, écoutez-moi vraiment. À l'écoute des langages du corps et de l'imaginaire chez nos enfants, 1989.

Je m'appelle toi, roman, 1990.

Contes à guérir, contes à grandir. Une approche symbolique à l'écoute des maux, 1993.

L'Enfant Bouddha (illustrations de Cosey). Retrouver l'enfance d'un maître, 1993.

Heureux qui communique. Pour oser se dire et être entendu, 1993.

Tarot relationnel. Communiquer en jouant, plutôt que jouer à communiquer, 1994.

Paroles d'amour, poésies, 1995.

Charte de vie relationnelle. Pour communiquer à l'école, 1995.

Communiquer pour vivre. La sève de la vie, 1995.

C'est comme ça, ne discute pas ! ou les 36 000 façons de (ne pas) communiquer avec son enfant, 1996.

En amour... l'avenir vient de loin. Poétique amoureuse, 1996.

Tous les matins de l'amour... ont un soir, 1997.

Pour ne plus vivre sur la planète TAIRE. Apprendre à communiquer avec la méthode ESPERE, 1997.

Eloge du couple, 1998.

Toi, mon infinitude (calligraphies de Hassan Massoudy), 1998.

Chez d'autres éditeurs :

Supervision et formation de l'éducateur spécialisé, éd. Privat, 1972 (épuisé).

Parle-moi... j'ai des choses à te dire. Vivre en couple, éd. de l'Homme, 1982.

Les Mémoires de l'Oubli (en collaboration avec Sylvie Galland). À l'écoute de son histoire, éd. Jouvence, 1989.

Si je m'écoutais... je m'entendrais (en collaboration avec Sylvie Galland). Vivre avec soi-même, éd. de l'Homme, 1990.

Aimer et se le dire (en collaboration avec Sylvie Galland). La vie sexuelle entre plaisirs et doutes, éd. de l'Homme, 1993.

Je t'appelle tendresse. Poétique relationnelle, éd. L'Espace Bleu, 1984.

Relation d'aide et formation à l'entretien. Une formation à la relation d'accompagnement, Presses Universitaires de Lille, 1987.

Apprivoiser la tendresse. Vivre la tendresse à plein temps, éd. Jouvence, 1988.

Jamais seuls ensemble. De la rencontre amoureuse à la relation de couple, éd. de l'Homme, 1995.

*La composition de cet ouvrage
a été réalisée par l'atelier du Livre à Reims,
l'impression et le brochage ont été effectués
sur presse Cameron
par* ***Bussière Camedan Imprimeries***
*à Saint-Amand-Montrond (Cher),
pour le compte des Éditions Albin Michel.*

*Achevé d'imprimer en octobre 1998.
N° d'édition : 17883. N° d'impression : 984907/4.
Dépôt légal : octobre 1998.*